数字化转型与企业高质量发展

COMPUTATIONAL COMPETITION
Enterprise Competitive Intelligence in Digital Economy Era

计算竞争
数字经济时代的企业竞争智能

张瑾 著

中国人民大学出版社
·北京·

前言

当"竞争"遇见"计算",人们在数字经济时代多了一种审视和计量企业间竞争的方法和工具,这就是计算竞争。当竞争可以计算,意味着数字经济时代企业间的竞争已被数字成功表达,也意味着数字技术全面提升了企业竞争分析层次,让计算竞争成为这个时代企业竞争智能的代表。

"竞争"是企业发展过程中不可忽视的关键议题,也是企业在数字经济时代转型发展的有效抓手。当前,企业间竞争日益激烈,充满各种不确定性,能否在竞争中胜出,某种意义上取决于企业能否先于竞争对手发现竞争机遇,走出竞争困境,而这也建立在企业能否拥有更加高级的竞争分析手段的基础之上。

竞争智能是运用信息技术帮助企业进行竞争分析的有效工具,而计算竞争则是竞争智能在数字经济时代的具象化表达。一方面,计算竞争会借助数字技术对企业竞争的不同方面进行细粒度刻画;另一方面,以人工智能为代表的深度分析技术为计算竞争提供了有效的计算工具,成为竞争计算的有效助力。

计算竞争为企业竞争分析创建了时代新范式,包含聚焦于企业竞争者识别、竞争程度分析、竞争智能应用等多个方面的不同方法。本书将从学术研究的视角介绍这些方面的多种创新方法，并给出这些方法的框架设计原理、模型算法细节、运行效果检验、实验分析讨论等内容的详细介绍。希望本书可以为相关领域的学者提供借鉴，同时也为我国企业管理者提供实践参考，赋能企业的数字化转型和高质量发展。

本书内容是基于我在相关领域多年学术研究成果的积累而成，最重要的感谢要献给与我共同完成这些研究成果的合作学者们。首先要感谢中国传媒大学经济与管理学院的王黎烨老师，王老师是计算竞争领域的优秀学者，本书介绍的竞争者识别方法是我与王老师合作多年的研究成果。还要感谢清华大学经济管理学院郭迅华教授、卫强副教授，中国人民大学商学院王刊良教授，新加坡国立大学计算机学院乔丹丹老师，他们也是本书研究成果的重要合作者。同时，要感谢研究团队中的博士生杨婷、张继龙等，他们分别参与了本书第5章和第6章的研究和编写工作，希望本书的出版能够成为他们开启学术生涯的一个见证。

本书得到中国人民大学2020年度"中央高校建设世界一流大学（学科）和特色发展引导专项资金"支持，在此表示感谢。此外，我还要感谢中国人民大学商学院为本书的编写提供了良好的工作条件，商学院浓厚的学术科研氛围也为研究工作的开展创造了积极宽松的环境。本书为中国人民大学商学院数字化转型系列图书，在编写过程中得到了多位知名专家学者的关注和支持，包括清华大学经济管理学院陈国青教授、中国人民大学商学院毛基业教授等，在此深表谢意。最后，由衷感谢中国人民大学出版社王伟娟编辑在本书策划、协调和出版中做了大量出色工作。由于水平有限，书中难免存在不足之处，恳请广大读者批评指正。

当数字经济时代"计算"与"竞争"相遇，让我想到春秋时期军事家孙武在《孙子兵法》中的一句论断："夫未战而庙算胜者，得算多也；未战而庙算不胜者，得算少也。多算胜，少算不胜，而况于无算乎！"期待本书的出版，助力企业管理者在未来的市场竞争中多算和妙算，进而获得更多的胜算。

张瑾
于中国人民大学

目 录

第 1 章 数字经济时代与企业竞争 —— 001

1.1 数字中国蓝图壮阔 / 003

1.2 企业竞争分析迫在眉睫 / 013

1.3 用户生成内容价值凸显 / 020

1.4 智能科技成为助力东风 / 025

第 2 章 企业竞争智能 —— 033

2.1 企业竞争智能概述 / 035

2.2 竞争者识别 / 037

2.3 竞争者分析 / 043

2.4 竞争智能的典型应用 / 045

2.5 用户生成内容的管理应用 / 048

第 3 章 基于用户直接比较的竞争者识别 —— 053

3.1 方法背景 / 055

3.2 基于用户直接比较的竞争者识别方法 / 057

3.3 方法示例 / 067

3.4 算法与效率分析 / 074

3.5 数据实验 / 078

3.6 方法总结 / 101

第 4 章
基于用户间接比较的竞争者识别 —— 103

4.1 方法背景 / 105

4.2 基于用户间接比较的竞争者识别方法 / 107

4.3 方法示例 / 115

4.4 算法与效率分析 / 117

4.5 数据实验 / 121

4.6 方法总结 / 143

第 5 章
基于用户生成内容的竞争程度分析 —— 145

5.1 方法背景 / 147

5.2 实体竞争程度分析方法 / 149

5.3 方法示例 / 158

5.4 算法与效率分析 / 161

5.5 数据实验 / 165

5.6 方法总结 / 174

第 6 章
竞争性搜索引擎广告关键词推荐 —— 177

6.1 方法背景 / 179

6.2 竞争性搜索引擎广告关键词推荐方法 / 182

6.3 方法示例 / 190

6.4 算法与效率分析 / 193

6.5 数据实验 / 196

6.6 方法总结 / 206

第 7 章
结 语 —— 207

参考文献 —— 213

图目录

图 1-1　2016—2020 年智能手机全球出货量市场份额变化 ……… 016

图 1-2　电子商务平台中海量的产品信息降低了消费者购买决策的有效性 ……… 019

图 1-3　数字经济时代用户生成内容的形式多样 ……… 021

图 1-4　社交电商平台"小红书"上的用户生成内容 ……… 022

图 3-1　基于用户直接比较的竞争者识别方法框架 ……… 058

图 3-2　某百科中的锚文本示例 ……… 063

图 3-3　Doc2vec 模型生成实体文档向量示例 ……… 069

图 3-4　实体竞争网络示例 ……… 072

图 3-5　ICQA 竞争者识别结果示例 ……… 073

图 3-6　不同数据规模下各方法的计算时间 ……… 077

图 3-7　不同实体文档规模下的候选实体识别查准率结果 ……… 084

图 3-8　不同标注数量下候选实体识别的有效性 ……… 085

图 3-9　ICQA 及基准方法的查准率结果 ……… 091

图 3-10　ICQA 及基准方法的查全率结果 ……… 092

图 3-11　ICQA 及基准方法的 F_1 值结果 ……… 093

图 4-1　基于用户间接比较的竞争者识别方法框架 ……… 108

图 4-2　ICWSL 竞争者识别示例 ……… 116

图 4-3　不同数据规模下 ICWSL 的运行时间 ……… 120

图 4-4　Word2vec 训练集中包含的搜索引擎结果数量的影响 ……… 125

图 4-5　ICWSL 及基准方法的查准率结果 ……… 129

图 4-6　ICWSL 及基准方法的查全率结果 ………………………… 130
图 4-7　ICWSL 及基准方法的 F_1 值结果……………………………… 131
图 4-8　不同竞争者识别结果规模的查准率 ……………………… 134
图 4-9　不同竞争者识别结果规模的查全率 ……………………… 135
图 4-10　不同竞争者识别结果规模的 F_1 值 ……………………… 136
图 4-11　ICWSL 及基准方法的 precision@k 结果 ………………… 142
图 5-1　二部图模型 ……………………………………………… 152
图 5-2　二部图模型示例 …………………………………………… 153
图 5-3　示例中的二部图模型 ……………………………………… 159
图 5-4　E 中实体竞争程度矩阵 …………………………………… 160
图 5-5　不同数据规模下 BCQ 的运行时间 ……………………… 164
图 5-6　BCQ 及基准方法的 RMSE 结果 ………………………… 172
图 6-1　竞争性搜索引擎广告示例 ………………………………… 181
图 6-2　TCK 方法框架 …………………………………………… 182
图 6-3　基于 LDA 的网络搜索日志主题提取模型 ……………… 186
图 6-4　"百威"的关联关键词示例 ……………………………… 191
图 6-5　"百威"的候选竞争性关键词示例 ……………………… 192
图 6-6　"百威"的竞争性关键词推荐示例 ……………………… 192
图 6-7　不同网络搜索日志规模下 TCK 方法的运行时间 ……… 196
图 6-8　TCK 方法及基准方法关键词推荐相关性评估结果 …… 202
图 6-9　TCK 方法及基准方法关键词推荐竞争性评估结果 …… 204

表目录

表3-1	共现模式及其示例	059
表3-2	实体模式及其示例	060
表3-3	基于用户直接比较的竞争者识别方法实验的目标实体	079
表3-4	不同基准实体规模下的候选实体排序查准率结果	080
表3-5	不同基准实体规模下的候选实体排序查准率均值和方差	082
表3-6	从基于模式识别的实体集合内选取基准实体进行候选排序的查准率	082
表3-7	不同CRF模型识别候选实体的有效性	086
表3-8	ICQA及基准方法的查准率、查全率和F_1值的均值	094
表3-9	ICQA与基准方法的配对t检验结果	094
表3-10	ICQA的新颖度结果	097
表3-11	ICQA及基准方法的nDCG结果	100
表4-1	网络搜索日志示例	109
表4-2	ICWSL及基准方法识别竞争者的运行时间	120
表4-3	基于用户间接比较的竞争者识别方法实验的目标实体	123
表4-4	不同词向量维度下竞争者识别结果间Jaccard系数均值	126
表4-5	ICWSL及基准方法的查准率、查全率和F_1值的均值	131
表4-6	ICWSL与基准方法的配对t检验结果	131
表4-7	ICWSL的新颖度结果	137
表4-8	ICWSL及基准方法的nDCG结果	140
表5-1	包含关键词"戴尔"的网络搜索日志示例	150

表 5-2	实体相关的网络搜索日志集合	158
表 5-3	实体关键词及属性关键词的总查询流量	159
表 5-4	基于竞争程度的竞争实体排序实验的目标实体	167
表 5-5	BCQ 及基准方法的 nDCG 结果	168
表 5-6	BCQ 及基准方法 nDCG 结果的配对 t 检验及 Friedman 检验	169
表 5-7	BCQ 相对于基准方法的 IMPR	173
表 5-8	BCQ 及基准方法 RMSE 结果的配对 t 检验及 Friedman 检验	173
表 6-1	与"潘婷"相关的网络查询日志示例	183
表 6-2	实验选取的种子关键词	198
表 6-3	TCK 及基准方法关键词推荐相关性评估结果的统计检验	203
表 6-4	TCK 及基准方法关键词推荐竞争性评估结果的统计检验	205

第 1 章
数字经济时代与企业竞争

数字经济正在为我们打开一幅新的发展画卷,在这里,企业发展因数字科技加速,企业间竞争被信息技术重塑,呈现包含不确定性的多变态势。面对这样的竞争环境,企业的高质量发展需要更加有效的竞争分析方法与工具,竞争智能应运而生。竞争智能是以人工智能为代表的计算技术与数字经济时代企业竞争相结合的产物,表现为以"计算"的方式回答企业间的竞争问题。在数字经济时代,计算竞争是竞争智能的一种具象化表达,也是企业应对竞争挑战,建立竞争优势的有效技术路径。尤其是基于用户生成内容的计算竞争,能够从市场侧发掘消费者眼中的企业竞争信息,为企业竞争分析提供了一个独特而关键的视角。

1.1 数字中国蓝图壮阔

近年来,我国数字经济快速发展,数字人群规模壮大,数字基建支撑有力,数字应用方兴未艾。

1.1.1 数字人群全面覆盖,数智赋能点亮生活

互联网融入百姓生活,我国网民规模不断扩大。截至 2020 年 12 月,我国网民规模达 9.89 亿[1],普及率达 70.4%,较 2015 年底提升

---

[1] CNNIC. 第 47 次中国互联网络发展状况统计报告.

20.1个百分点[①]，五年间新增网民3.01亿。互联网已成为我国人民生活和社会生产活动的重要组成部分。

在网民地域分布方面，2020年12月，我国农村网民规模占比首次超过30%，达到31.3%，相比2015年底提升约3个百分点。农村网民规模由2015年的1.95亿提升至3.09亿，城镇网民规模由4.93亿提升至6.8亿，城乡地区网民规模差异缩小。为响应数字乡村发展战略，互联网应用及服务逐步"下沉"至农村地区，协助推动数字乡村建设和乡村振兴。

在网民年龄跨度方面，我国网民群体年龄跨度不断扩大，老年群体逐渐成为网民增量的主要力量。受过往观念、知识积累、资费成本等多重因素的影响，中老年群体对互联网的接触较少，使用程度较低。如今随着互联网加速普及和使用门槛降低，越来越多的老年人开始接触和使用网络服务，享受互联网带来的便利快捷。截至2020年12月，我国已有近2.6亿"银发网民"[②]（50岁以上的老年人），相比2015年底增加1.97亿，50岁及以上网民群体占比由9.2%提升至26.3%，增幅显著。网民年龄结构的变化推动着政策及社会层面的互联网"适老化改造"，2020年11月，国务院办公厅印发《关于切实解决老年人运用智能技术困难实施方案的通知》，推动解决老年人在使用智能产品及应用中遇到的困难，重点提升智能终端产品适老化水平。智能手机厂商、软件开发商着力于从老年人实际需求、使用习惯出发，对产品和服务进行优化。未来，我国会进一步加快构建更"适老护老"的互联网生态，给老年人以舒心安全的网络环境，使其真正享受到数字红利，点亮智慧生活。

[①] CNNIC. 第37次中国互联网络发展状况统计报告.
[②] https://gzdaily.dayoo.com/pc/html/2021-02/04/content_869_744416.htm.

1.1.2 新旧基建融合建设，数字经济基础稳固

随着数字经济规模的不断扩大，数字基础设施成为新的基础设施，以宽带、无线网络等为代表的信息通信基础设施，以大数据、人工智能等技术对传统基础设施进行数字化改造形成的融合基础设施，共同为数字经济发展奠定坚实的根基。

2020年，我国信息基础设施建设加速推进，工业和信息化部表示，"十三五"以来，我国建成了全球规模最大的信息通信网络。光纤宽带接入规模屡创新高。截至2020年12月，我国光纤接入用户规模达到4.54亿户，相比2015年底光纤接入用户增加3.34亿户，占固定互联网宽带接入用户总数的比例从56%提升至94%。我国百兆互联网宽带接入用户数达到4.35亿户，千兆光网覆盖家庭数超过1.2亿户。

4G用户和基站数量领先全球。截至2020年12月，我国4G用户总数达12.89亿户，较2015年12月增长9.03亿户，4G用户移动电话用户数占比从29.6%提高至80.8%，远高于全球平均水平；2020年，全国移动通信基站总数达到931万个，全年净增90万个。其中，4G基站总数达到575万个，规模占全球总量一半以上。[①] 自2015年起开展的电信普遍服务试点先后支持13万个行政村的光纤网络建设和5万个农村4G基站建设，行政村通光纤和4G的比例均超过了99%，城乡"数字鸿沟"明显缩小。[②]

5G建设蓬勃发展。随着以5G、数据中心、人工智能、工业互联网等为中心的新型基础设施（"新基建"）的全面铺开，我国5G建设发展提升到新的高度。2019年5G商用以来，我国飞速铺设5G基站，已建

---

① 工信部. 2020年通信业统计公报.
② http://www.scio.gov.cn/video/42600/42601/Document/1702423/1702423.htm.

成全球最大的5G网络。2020年我国新建5G基站超过60万个,已开通5G基站超过71.8万个,5G网络已覆盖全国所有城市,国内市场5G手机出货量达到1.63亿部,占所有手机的52.9%,5G手机终端连接数达2.6亿。5G网络建设稳步推进,为数字基建发展提供重要网络支撑,为社会生活和行业生产数字化转型提供动力引擎,助力我国经济高质量发展。

数据中心建设全国铺开。数据中心是承载数据基础物理单元和算力基础设施的重要组成部分,是新基建发展建设的"万能粮仓""数字底座"。随着政府和产业积极推进数字化改造和转型,机构的信息资源加速整合,数据流量爆发式增长,公有云等资源服务的需求增多,拉动数据中心建设的快速发展。2015年,国家发展改革委、工业和信息化部、中央网信办同意贵州省、京津冀等八个区域推进国家大数据综合试验区建设,围绕不同定位,开展系统性、整体性、协同性大数据综合试验探索。2020年,中国数据中心业务市场总体规模达到2 238.7亿元,相比2015年增长1 720亿元,同比增长676亿元,同比增速43.3%,达到近五年来最高增速。[①]

工业互联网大力发展。工业互联网是新一代信息通信技术与工业生产深度融合的新型基础设施、应用模式和工业生态,通过对人、机、物、系统等的全面连接,构建起覆盖全产业链、全价值链的全新制造和服务体系,为工业乃至产业数字化、网络化、智能化发展提供实现途径和落地平台。《工业互联网产业经济发展报告(2020年)》显示,2019年工业互联网核心产业增加值达到5 361亿元,2020年预计达到6 520亿元。

---

① 2020—2021年中国IDC行业发展研究报告.

新旧基础设施建设并驾齐驱昂扬发展，不断夯实数字经济发展基石，助推数字经济引导资源的快速优化配置，为我国经济高质量发展提供强大的驱动力量。

1.1.3 数字平台蓬勃发展，数字应用方兴未艾

1. 基础应用：突破时空限制，实现个体相连

乘着信息技术飞速发展的东风，互联网突破时空局限，实现万物互联，成为人们生活工作中不可或缺的必需品。

在即时通信应用领域，以微信、QQ为代表的即时通信软件已经成为人手必备的联络工具，截至2020年12月，我国即时通信用户规模高达9.81亿，占网民整体的99.2%。即时通信已经超越单纯的聊天工具，发展成集社交、资讯、娱乐、搜索、电子商务、办公协作和企业客户服务等于一体的综合化信息平台。新冠肺炎疫情期间，即时通信软件位列互联网应用渗透率榜首，即时通信的完备功能和广泛普及，让居家隔离的人们得以突破空间和距离的限制，保持与他人、与世界的交流。

搜索引擎目前仍是人们主动获取信息的主要手段，也是迄今为止最为成功的大规模人工智能应用之一。截至2020年12月，我国搜索引擎用户规模达7.7亿，占网民整体的77.8%；手机搜索引擎用户规模达到7.68亿，占手机网民的77.9%。随着信息技术的发展与普及，新的信息形式产生，信息数量骤增，人们使用搜索引擎的场景越来越多，对搜索的需求愈加复杂化、精细化。搜索引擎平台在此驱动下朝着智能信息检索与挖掘方向谋求突破，致力于为用户提供个性化搜索体验，如提供语音搜索和视觉搜索，降低搜索门槛，增强用户体验；提供视频搜索、在线文献搜索等垂直搜索方式，突破信息垂直壁垒；与人工智能技术结合，利用知识图谱强大的语义处理能力分析大规模、异质多元、结构松

散的互联网内容,满足用户精准、快捷、全面的搜索需求。搜索引擎积累海量用户需求信息,在追踪舆情、社会治理等方面扮演关键角色。疫情期间,搜索引擎在科学抗疫和复工复产复学等方面发挥了重要的入口引导和信息支撑作用。未来,搜索引擎还将以基于自然交互的个人智能信息助理为目标,打造顺应时代潮流的更强大的信息获取工具。[1]

信息技术对社会生活的改变同样投射在新闻传媒领域,如今,互联网已经成为人们获取新闻资讯的重要阵地。新闻内容的生产、分发、传播机制都跟随生产技术革新和生活习惯变化而做出适应性改变。在新闻内容创作上,网络媒体充分利用新兴技术推动行业升级,从解放媒体采编人员精力的"写稿机器人",到大数据及可视化工具在新闻领域的大放异彩。人民网的"图解新闻"专栏、澎湃网的"有数"专栏运用大数据技术从海量冗杂的非结构化数据中发现、整合并分析有价值的信息,以"一图看懂""数读"等信息图形式直观呈现,协助读者快速抓取感兴趣的信息节点。在新闻传播环节,新闻媒体引入场景传播等高技术手段,生动展现真实的社会场景。例如由光明网打造的全媒体报道单兵设备"钢铁侠",集新闻信息采集、发布于一体,只需一名记者即可快速实现视频、全景、虚拟现实(VR)等内容的同步直播与录制。[2] 新闻报道不再受限于传统图文视频形式,读者无论身处何处,皆可身临其境般跟随记者视角实景参与、纵览一切,感受新的新闻获取方式和科技带来的全新体验。

受新冠肺炎疫情影响,在线办公领域需求爆发,远程办公、居家办公和视频会议等在线工作方式全面普及,迫使企业加快数字化转型进程,以化危机为转机。后疫情时代,作为解决疫情期间企业复工复产问

---

[1] https://www.sohu.com/a/337427040_99985415.
[2] http://www.xinhuanet.com/zgjx/2017-03/03/c_136098599.htm.

题的重要技术手段，在线办公更新了用户对于办公的认知与习惯，同时也改变了企业的工作方式。我国智能移动办公的市场规模不断扩大，2018年234亿元，2019年超过300亿元，2020年有超过3亿用户使用远程办公应用，预计市场规模超过450亿元。[①] 此外，远程视频从传统的专网通信向云视频转型，视频通话成本下降为原来的1/10，大大降低了客户的使用门槛，使得远程办公服务从过去大企业自建、仅供内部交流的封闭系统，渐渐走向开放和普及。"远程办公热"在特殊时期诞生，疫情结束后，线上线下协同办公的习惯余热持久，如何留住用户并应对接下来的市场变化，需要在线办公企业持续思考。长远来看，随着各行业的数字化转型的普及和深化，远程办公将会成为一大趋势。

2. 商务交易：创新多样业态，线上经济繁荣

近年来，我国电子商务发展迅猛，人们的生活方式早已发生改变，足不出户即可购买全球商品，点击下单即可次日收货。自2013年起，我国已连续七年登顶全球网络零售市场榜首。2020年"618"电商年中大型促销中，天猫和京东的交易额分别达到6 982亿元和2 692亿元，充分证明我国电子商务拉动内需、释放消费的能力。新冠肺炎疫情的突发助推了"线上经济""宅经济"等新经济业态，为传统企业和商家的数字化转型提供了机遇。大量企业通过入驻电商平台、开展直播带货等方式推动企业复工复产进程。跨境电商空前繁荣，第127届广交会期间，近2.6万家境内外参展企业实现了"云"上全球采购，时差难题经由网络技术解决，"10天×24小时"全天候开放直播服务；VR技术应用于产品网上试播，人们相隔千里也可细致观察讨论；海外市场消费偏好也可基于大量消费数据挖掘分析，从而进行针对性的设计和生产；直播间

---

① https://www.sohu.com/a/381696277_99922905.

设置的"一对一洽谈"按钮，为商业洽谈提供了安全、私密的环境。未来，随着数字经济的普及推进，数字化赋能持续深化拓展，电子商务作为数字经济的一支主力军还将持续迸发能量。

与线上业务蓬勃发展相呼应，线下外卖配送服务也在快速发展，业务内容不断丰富，对消费者生活需求的考量愈加充分完备。截至2020年6月，我国网上外卖用户规模达4.19亿，手机网上外卖用户规模达4.18亿，占手机网民的42.4%。[①] 一方面，外卖行业的兴起带动了餐饮业新增消费，推动了下午茶、夜宵等细分场景的需求，外卖的便利化服务也增加了用户的餐饮支出。《外卖业务对餐饮业高质量发展的作用研究》指出，在餐饮业总营收与总利润的增量中，外卖业务拉动占比分别为75%和65%。另一方面，疫情期间，外卖、闪购等新业务需求增长迅猛，美食、蔬果、鲜花、药品也成为常见的配送品类，本地生活新业务迎来发展机会。

3. 网络娱乐：迎合多元喜好，扩展云端场景

近年来，我国网络游戏行业持续稳定发展。2020年，受疫情影响，线下活动受到约束，居家期间人们转向网络游戏寻求娱乐。2020年，我国移动游戏用户增长率从3.7%跃升至7.8%，用户规模突破6.3亿。伴随5G、云计算等技术的快速发展，国内外各大游戏厂商纷纷推出云游戏平台。在云游戏场景中，画面渲染、数据同步、交互逻辑等计算工作全部在云端服务器进行，玩家的输入指令通过互联网传入云服务器，处理完成后的画面结果传输回到玩家的前端设备上显示。在这个过程中用户的游戏设备只需要具备基本的视频解压能力和联网功能即可，无需任何高端的处理器或显卡。云游戏的快速发展，使得游戏开发不必在游戏

---

① CNNIC. 第47次中国互联网络发展状况统计报告.

性能和流畅运行之间取舍，游戏厂商可设计多终端互动的操作系统，提升游戏性能，拓展游戏边界。对游戏玩家而言，云游戏平台不需要高昂的硬件和终端开支，平台上汇聚各品类精品游戏，多元化的游戏内容和便捷的游戏模式极大地提升了玩家的游戏体验。

网络音乐：我国网络音乐市场规模稳定增长，内容形式多样，用户体验丰富。新冠肺炎疫情期间，线下音乐活动减少，为满足大众娱乐需求，演唱会、音乐节转向云端，技术加持突破多重限制，观众在家即可享受视听盛宴。2020年上半年，我国观看在线音乐演出的用户规模突破8 000万。音乐平台充分考虑用户的社交需求，推出"一起听"等功能，用户可和他人在线共享音乐，远程社交与文娱活动巧妙融合。

网络视频：我国网民娱乐需求持续向线上转移，推动网络视频的使用率提升、用户规模进一步增长。与此同时，随着用户代际迁移，用户内容偏好由图文形式向更具娱乐化和碎片化的短视频形式转移。截至2020年12月，我国网络视频（含短视频）用户规模达9.27亿，占整体网民的93.7%，其中，短视频用户规模为8.73亿，占整体网民的88.3%。在使用时长方面，截至2021年6月，短视频行业用户时长占比达29.8%，全行业保持排名第一。《2021中国网络视听发展研究报告》显示，2021年3月短视频应用的人均单日使用时长为125分钟，53.5%的短视频用户每天都会看短视频节目。长短视频在激烈的交锋中逐渐显示出融合态势，长视频平台通过多种方式鼓励产出优质短视频内容，吸引用户注意力，增加用户黏性；短视频平台则从与平台性质更加契合的微型剧目、综艺开始，涉足综合视频业务，提升内容质量，进而增加用户留存时间。此外，在网络视频平台用户覆盖广度、使用深度不断增加的同时，平台效应以及区别于专业教育平台的综合属性使得网络视频平台成为泛知识消费主力渠道。短视频平台于2020年通过收购方式陆续获得支付牌照，形成电商业务闭环，进一步完善生态布局。网络视频平台依托自身内容产品，引入信息技术追随新兴潮流，未来需根据行业发展形势调整战略，实现持续发展。

网络直播：2020年，网络直播顺应"宅家经济"，一跃成为重要的出货渠道。截至2020年12月，我国网络直播用户规模达6.17亿，占网民整体的62.4%。其中电商直播用户规模为3.88亿，游戏直播用户为1.91亿，真人秀直播用户规模为2.39亿。电商直播成为发展最为迅猛的互联网应用之一，无论是以淘宝、拼多多为代表的电商平台，以抖音、快手为代表的短视频平台，还是以百度、搜狐为代表的传统互联网公司，都陆续增大对电商直播的布局力度。传统电商入局更偏向于导流工具和导购功能，通过视频内容及互动讲解的方式引导消费，提升用户消费体验；短视频及内容平台的电商直播更偏向于产品营销，以优质的内容吸引用户注意力，通过差异化内容进行用户分类匹配，以短视频+直播的方式形成了一个营销闭环，使用户在此链路上完成对品牌的接触认知、产生兴趣和最终消费，并通过社群运营、粉丝管理等方式形成用户黏性，构建长效营销。

4. 公共服务：线上线下融合，惠民利民增色

数字平台的蓬勃发展推动了公共服务的升级，各种形式的服务线上线下同时发力，为服务民生增色添彩。例如在在线医疗领域，截至2020年12月，我国在线医疗用户规模达到2.15亿，占网民整体的21.7%。受新冠肺炎疫情影响，在线医疗优势凸显，行业发展迎来新机遇。传统医疗机构以"互联网+"优化资源配置，提高服务效能，优质医生资源不断释放。患者可通过网络与医生联系，减少不必要的奔波劳顿，提高就诊效率。此外，依托大数据、云计算、人工智能等信息技术优势，互联网企业开始探索新的服务模式，推动医美、口腔、体检、疫苗等相关

付费医疗行业的发展，促进用户线上消费不断升级。目前，在线医疗以健康咨询、慢病复诊、疾病导诊等业务为主，未来打造线上线下协同一体的医疗健康服务闭环是值得推进的发展趋势。

1.2 企业竞争分析迫在眉睫

企业的激烈竞争提升了市场的经济活力，也意味着企业竞争分析的工具需要进一步升级。

1.2.1 政策层面，全面释放市场经济活力

"十三五"时期我国取得全面建成小康社会的伟大历史性成就。如今，我国仍然处于重要的战略机遇期，发展过程中面临新一轮科技革命和产业变革带来的机遇，以及全球经济、科技、文化、安全等格局变迁带来的挑战。党的十九届五中全会在规划"十四五"时期经济社会发展及 2035 年基本实现现代化远景目标时，明确了新发展格局的内涵，提出"形成强大国内市场，构建新发展格局"的明确要求，深化供给侧改革、坚持扩大内需成为我国顺应经济变化、重塑竞争新优势的战略选择。构建"双循环"新发展格局，建立高标准市场体系，释放市场经济活力，需要多方合力共促。作为市场主体和创新主体，企业应积极响应国家政策，充分利用内外部资源，共建公平良好的市场环境。

1. 构建"双循环"新发展格局

2020 年新冠肺炎疫情席卷全球，全球经济遭遇寒冬，国际市场需求萎缩。面对严峻复杂的国内外环境和新冠肺炎疫情的叠加冲击，我国率先控制疫情，复工复产，成为 2020 年全球唯一实现经济正增长的主要

经济体，并努力构建"以国内大循环为主体，国内国际双循环相互促进"的新发展格局。

当前，我国拥有14亿人的消费市场，人均GDP连续两年超1万美元[①]，但是，现阶段我国供需两端尚未匹配，供给能力尚有完善空间，14亿人的消费潜力仍有待释放。因此，供给侧结构性改革是我国经济发展和经济工作的主线，要解放和发展社会生产力，提高供给体系对国内需求的满足能力，释放新需求，创造新供给，为构建新发展格局提供动力。要通过发挥超大规模市场优势和内需潜力，使国内市场循环和国际市场循环更好联通，相互促进，在充分利用国内国际两个市场、两种资源的基础上，实现更加强劲、可持续的经济社会发展。与此同时，我国经济已经由高速增长阶段转向高质量发展阶段，正处在转变发展方式、优化经济结构、转换增长动力的攻关期，需通过调整产业结构和促进消费升级，为经济发展注入新动力。

在这一前提下，企业作为供给一方，应充分认识到制约居民消费的痛点所在，在飞速变化的市场环境中，敏锐识别市场风向、认清竞争态势，在充分了解市场竞争环境的情况下，顺应市场细分趋势，以高质量的产品和服务不断满足并引导消费者的多元化、长尾化需求，形成需求牵引供给、供给创造需求的更高水平动态平衡。

2. 建立高标准市场体系

在新发展格局中，为实现持续高质量发展，需要形成强大的国内市场。"十四五"规划明确指出，要建设高标准市场体系，完善公平竞争制度，激发市场主体发展活力。在此基础上，《建设高标准市场体系行动方案》发布，提出要"建成统一开放、竞争有序、制度完备、治理完

---

① 中华人民共和国2020年国民经济和社会发展统计公报.

善的高标准市场体系，为推动经济高质量发展、加快构建新发展格局、推进国家治理体系和治理能力现代化打下坚实基础"。

在高标准市场体系中，公平竞争是非常重要的一环。竞争者能够公平竞争，消费者能够自由选择。通过构建覆盖事前、事中、事后全环节的竞争政策，完善竞争政策框架，鼓励良性竞争，加大反垄断和反不正当竞争执法司法力度，加强对自然垄断业务的监管，防止资本无序扩张。

在高效规范、公平竞争的市场环境中，市场决定价格，价格反映需求，市场和消费者的价值需求将起到决定性作用，完成企业的优胜劣汰。企业需要充分调动创新积极性，强化并发挥自身优势，以实力获取市场认可，只有不断提升供给质量、彰显核心优势，才能不被市场淘汰。因此，充分了解市场行情、消费者需求以及竞争对手现状，对企业发展和战略制定十分重要。通过竞争分析，企业能够在不断比较之中提炼优势、发现不足，针对性地调整竞争策略，创造核心竞争力，保障市场份额。

1.2.2 企业层面，多重因素激活市场竞争

1. 市场环境剧烈变化，企业竞争格局动态演变

数字经济时代，随着技术迅猛发展，市场迭代速度加快，企业所处的竞争环境波动加剧，行业竞争格局日新月异。以智能手机市场为例，据市场研究机构 Counterpoint 发布的数据，2016 年第一季度至 2020 年第三季度智能手机全球出货量市场份额如图 1-1 所示。2016 年初至 2017 年底，三星和苹果以平均 20% 和 14% 的市场份额始终处于领先地位，与处于第二梯队的华为和小米以及处于第三梯队的 OPPO、vivo 等国产手机品牌拉开了差距，市场竞争相对稳定。2018 年后，国产手机飞

速发展、快速扩张，打破原有的市场竞争局面，重新定义了全球智能手机的市场结构。2018年第二季度，华为超越苹果成为全球第二大智能手机供应商，在此之后不断蚕食三星和苹果的市场份额。2020年第三季度，苹果被小米超越，跌出市场占有率前三名。与此同时，OPPO和vivo的市场规模也不断扩大，市场份额从2016年初的3%上升到2020年的8%，成功进入智能手机市场的第二梯队。而2018年推出的真我手机上市一年内即跻身智能手机主流品牌行列，超越LG、联想等主流品牌成为全球第七大手机供应商，且市场份额不断增大。与之前相对稳定的市场结构相比，短短三年时间内，传统品牌被超越，新品牌入场，智能手机市场始终处于激烈竞争、快速变化的状态，竞争态势几乎每个阶段都呈现新局面。

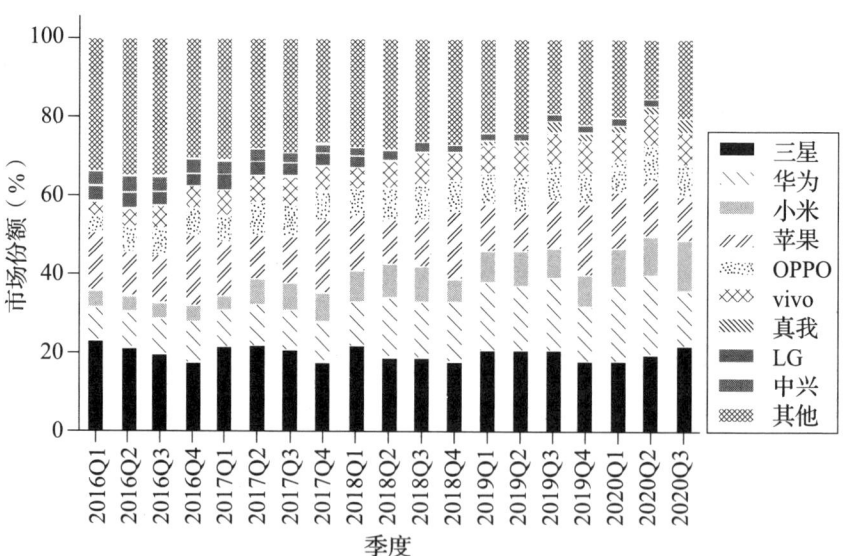

图1-1　2016—2020年智能手机全球出货量市场份额变化

资料来源：https://www.counterpointresearch.com/global-smartphone-share/.

在日益复杂和动态变化的市场环境中，传统的竞争策略已无法应对激烈的市场竞争。连续不断、瞬息万变的竞争迭代使得企业竞争优势的"保质期"缩短，静态的、可长期维系的竞争优势，转变为暂时的、不断遭到竞争者进攻的短暂竞争优势。高速变化的环境对企业战略决策的适应性和灵活性提出了要求，企业需要将竞争分析作为战略发展的关键核心，实时监控其所处的竞争环境，充分挖掘现有和潜在的竞争者，考量竞争者及自身的能力，在此基础上做出及时有效的竞争决策，以快速适应消费者、市场和竞争环境的变化。企业竞争智能分析能够灵敏捕捉、实时分析竞争对手的相关状态，在剧烈变化的市场环境中为企业提供准确的竞争信息，为企业做出正确决策提供参考。通过竞争智能分析，企业能够在充分了解竞争对手以及自身信息的情况下不断提高供给水平、满足消费者需求，打造核心竞争力。

2. 创新事物层出不穷，在位者面临跨界竞争

数字经济下，随着供给侧传统行业加速数字化转型，新兴业态不断涌现，需求侧消费升级风潮兴起，市场细分趋势明显。供需两侧相互作用，催生出新的产品形式和商业模式，例如近年来迅速崛起的共享经济着力于解决日常生活的痛点问题，共享单车服务于"最后一公里"，共享充电宝缓解"没电焦虑"，"共享书籍""共享雨伞"等多种共享业态不断出现，创新活力持续迸发。

区块链、云计算等新一代技术的快速发展，以及层出不穷的新兴业态导致市场边界逐渐模糊。企业不仅需要应对同业的竞争压力，还时刻面临跨领域产品和服务的颠覆式竞争。例如，智能手机拍摄能力升级，手机配置多个专业镜头，摄影像素、变焦能力也可媲美专业相机，满足了消费者对于日常拍照的需求，专业摄影相机市场因此受到极大冲击；可捕捉多种健康数据的智能穿戴设备兴起，影响了计步器、跑步手表等传统运动设备的销售。大量平台型互联网企业的出现也给传统实体企业带来竞争威胁。例如，微信的普及蚕食了网络运营商的短信业务和语音业务；美团、饿了么等平台的兴起为消费者提供了便捷的外卖服务，造成了方便面等速食产品的销量下跌；共享汽车平台的出现，满足了消费者随时随地使用汽车的需求，不仅影响了传统的巡游车（出租车）行业，也影响了消费者购买汽车的动机，导致传统汽车制造商销量下降。跨领域竞争的出现，加剧了企业间的替代式竞争，重塑了产业结构和产业组织，增大了市场环境的不确定性和混乱程度。

面对跨领域的潜在竞争者，一些企业敏锐捕捉发展动向，抢先进入市场，凭借优质产品和服务成功领跑行业发展；而一些企业受主客观因素的影响未能识别竞争对手，最终发展滞后。因此，企业应高度关注竞争智能分析，时刻把握市场动向，了解竞争对手的动向，捕捉消费者需求，以创新产品精准对标消费者，适应市场竞争，进而引领行业发展。

3. 信息获取途径增多，消费者转移成本低廉

在数字经济时代，互联网的低成本性、高可得性使消费者能够获取海量信息，提升自身消费行为的合理性。一方面，数字经济为消费者带来便捷，但消费者更低的转移成本对商家而言意味着更高的流失风险。在互联网上，消费者能够货比三家，对比其他具有竞争力和吸引力的产品，选择购买最合适的产品。在这样的消费情景下，时刻把握市场变化、倾听消费者意见的重要性愈发凸显。竞争智能分析能够帮助企业及时识别市场情形，并指导企业优化产品设计、渠道划分、广告营销等一系列相应决策，有效留存已有消费者、吸引潜在消费者。

另一方面，数字经济的蓬勃发展丰富了产品和信息的供给，降低了企业和消费者间的信息不对称，但也提高了消费者的决策成本。通常，

消费者的购买决策包括考虑和比较两个阶段。在考虑阶段，消费者对所有产品进行筛选，从中选择一小部分感兴趣的产品构成考虑集；在比较阶段，消费者深入分析考虑集内的产品，在其认为重要的属性上对产品进行对比，并做出最终购买决策。数字平台上可供选择的产品种类繁多，海量产品和冗余信息大大提高了消费者搜索和比较产品的成本，给消费者构建考虑集、获取产品比较信息、做出最优购买决策带来了挑战。如图1-2所示，在电子商务平台京东上，数码相机的搜索结果中包含超过27万件产品。面对数量如此庞大的产品集合，消费者难以浏览和对比全部产品，也难以从中找到满足自身需求的产品构建考虑集再进行深入的比较分析。过载的产品数量减弱了消费者的购买意愿，增加消费者延迟购买以及决策后悔的可能性，进而影响消费者的购物体验甚至降低消费者满意度。企业通过竞争智能分析不仅能够为管理决策提供有效支持，也可将分析结果作为重要的辅助信息提供给消费者，降低消费者的决策成本，提高用户黏性。

图1-2　电子商务平台中海量的产品信息降低了消费者购买决策的有效性

说明：图中显示的是2021年1月3日在www.JD.com上的搜索结果。

1.3 用户生成内容价值凸显

消费者视角的企业竞争分析能够基于市场讲好竞争分析故事,而在线用户生成内容的不断沉淀和价值积累促成了消费者视角企业竞争分析的实现。

1.3.1 线上线下深度融合,海量数据实时涌现

随着数字经济的快速发展以及数字化的加速普及,线下生活与线上应用深度融合,丰富的数字功能精准满足消费者的多元需求:电子乘车、线上购物、外卖点餐、浏览资讯……每个个体的生活轨迹都与数据有着千丝万缕的联系。在与 APP 交互的过程中,用户生成海量实时数据,通过自由撰写的内容表达他们的态度和偏好。例如,在购物前,用户会观看直播展示、搜索商品信息、浏览推荐商品,在此过程中用户的搜索日志、浏览记录等数据是消费者行为和偏好的直观呈现;在购物时,消费者与商家的交流内容中表达了用户关心的主要特征;购物后,消费者对商品的文字评价,拍摄的商品图片、视频等体现了消费者对商品的感知体验以及满意程度。

用户通过互联网平台撰写并展示给其他用户的内容,被称为用户生成内容(User Generated Content,UGC)。在用户生成内容中,消费者自由表达对产品的需求,表述对产品的态度和看法,分享产品的使用心得,给出产品的购买建议。通过用户生成内容,消费者不仅能够了解颜色、尺码、耐用性等客观信息,还能够从使用者的角度了解香味、时尚度等主观的使用感受。

数字经济时代新兴互联网平台不断涌现，用户表达自我的渠道也不断扩展，用户生成内容的形态随之丰富。如图 1-3 所示，用户生成内容不仅包含点赞、打分、文字评价等传统形式，还包括图片、语音、视频等新兴载体所传达的内容。

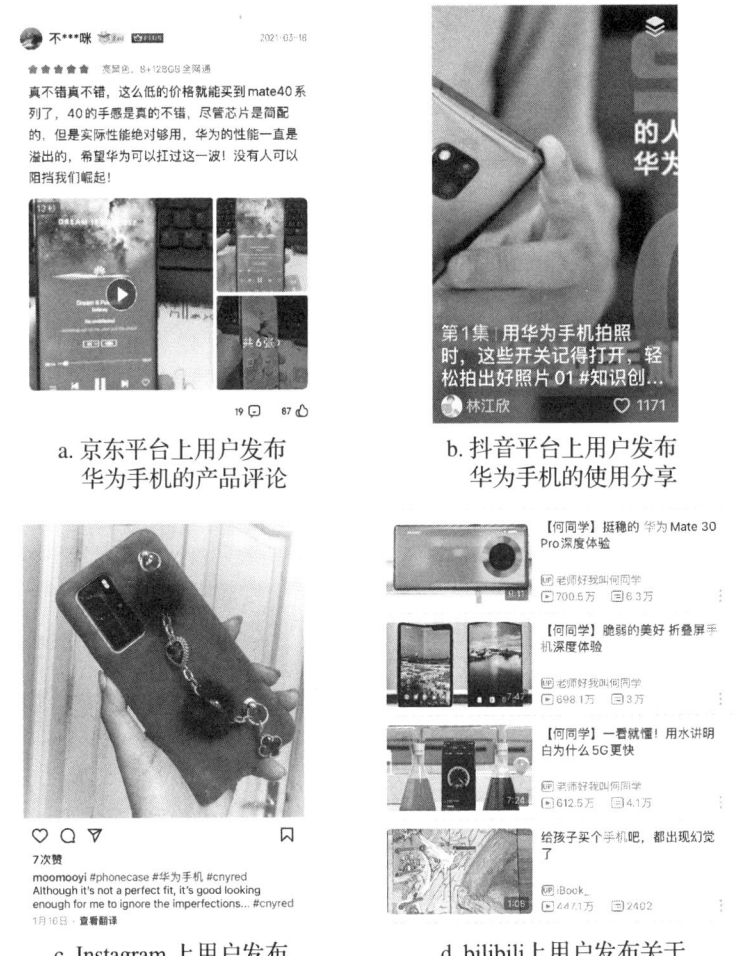

a. 京东平台上用户发布
华为手机的产品评论

b. 抖音平台上用户发布
华为手机的使用分享

c. Instagram 上用户发布
关于华为手机的图片

d. bilibili 上用户发布关于
华为手机的长视频

图 1-3　数字经济时代用户生成内容的形式多样

此外，伴随着移动终端的广泛普及和 5G 技术的快速商用，用户能够随时随地创作和浏览用户生成内容，用户创作热情高涨，用户生成内容量级激增。例如，2020 年 1 月抖音发布数据报告，2020 年抖音国内日活跃用户数突破 6 亿，日均视频搜索次数超过 4 亿。据 IDC 预测，到 2025 年，全球数据总量达到 175Zb，文字、图片、视频等非结构化数据将会占据数据总量的 80%～90%。

1.3.2 用户社交激发分享意愿，同伴意见成为重要参考

互联网的繁荣改变了人们的消费习惯和消费观念，用户消费行为和决策过程也随之发生了根本性转变。而随着 Z 世代[①]逐渐成为消费者群体的主力军，关注品质、追求个性、热爱分享的性格特征也在悄然改变着互联网用户获取和消费信息的方式。如今，数字平台不仅成为消费者获取商品信息的重要渠道，也是"种草""打卡"的首要阵地。在社交电商平台小红书上，人人都可以分享自己的购物体验与使用心得。在小红书上搜索"华为手机"一词，有超过 11 万篇相关笔记，包含产品推荐、实用功能、隐藏技巧等多类内容，覆盖价格、型号、外观等关键词（见图 1-4）。

图 1-4 社交电商平台"小红书"上的用户生成内容

数字化社会，互联网用户的社交性和互动性不断增强。在数字平台上，消费者可以相互关注，对其他用户创作的内容进行评论和转发，向

---

① Z 世代指在 1995—2009 年间出生的，受到互联网、即时通信、短信、MP3、智能手机和平板电脑等科技产物影响很大的一代人。

他人提问获取信息，或回复他人的提问、评论。一系列社交互动行为组成消费者间的强弱关联，使有相同或相似需求的消费者在互联网上逐渐汇集成群，形成虚拟社群。由于身处同一社群的成员具有相似的偏好，在线平台上用户撰写的意见和内容更容易被了解和认同，其中包含的产品信息和产品态度也将会被放大并产生更大的影响力。在虚拟社群中，消费者根据知识背景自发形成在线分工，就产品购买进行交流和讨论，彼此分享新知识和新价值。这些内容角度多元、观点丰富、意见专业。不同于传统单向输出的广告方式，素人分享内容中的产品意见由消费者基于自身使用体验提供，更容易被其他消费者信任和接受，因此成为更具说服力的产品信息来源。

大量研究表明，在做出购买决策前，消费者会参考产品相关的用户生成内容，消费者在用户生成内容中发表的意见，会影响其他消费者的购买意愿，进而影响购买决策。例如，当用户想要了解某款产品时，小红书、微博、知乎等社交平台上的产品测评、产品问答、产品分享等内容为用户提供了丰富的产品特性信息和使用体验信息；当用户计划出行时，携程、马蜂窝上的游记分享为用户提供全面的旅行信息，大众点评、携程、爱彼迎等平台上的用户评论和图片点评帮助用户了解酒店和餐馆的服务质量。内容营销平台 Stackla 和 PowerReview 的数据调查显示，79%的消费者认为用户生成内容对他们的决策产生了影响，并认为用户生成内容的可信度是企业生成内容可信度的 2.4 倍[1]；86%的消费者认为查看用户生成内容是其购买决策中的重要步骤；当产品存在相关评价时，产品的点击量会增加 108%，转化次数会增加 65%，销售量会

---

[1] https://stackla.com/resources/reports/bridging-the-gap-consumer-marketing-perspectives-on-content-in-the-digital-age/.

增加92%。[1]

1.3.3 用户内容动态真实，用户视角商机无限

用户内容生成是用户真实想法最为直观的展现。不同于专家意见、咨询报告等第三方信息，用户生成内容作为用户直接创造的一手信息，可信度高、针对性强、时效性高，蕴含着巨大的商业潜力。

反映真实感知。传统的问卷调查方法虽然能够了解消费者意见和需求，但调查时难以保证所选取受访者的代表性，受访者填写问卷或回答问题时也容易受到主客观因素的影响而给出模糊甚至虚假的答案，导致收集的用户反馈失真。而在使用数字平台的过程中，为了满足自身需求，用户与平台的交互是直接的，用户自主撰写的内容能够真实反映其观点，其中购买意见由消费者根据自身购买和使用经验提供，相比商家描述信息更加真实可信。此外，由于用户生成内容数量庞大，覆盖海量消费者，更能代表群体智慧。因此，用户生成内容中包含的产品意见和用户需求真实反映市场情况，从中提取的有效信息可以帮助企业更准确地了解用户和市场，从而优化决策。

体现用户视角。数字经济环境下，企业管理决策的核心在于满足消费者的价值需求，为消费者提供创新性、个性化的价值供给。消费者是企业产品和服务的购买者和评判者，企业需要了解消费者实际使用产品的体验和反馈，以更好地创造价值并提供增值服务。因此，企业需要倾听来自消费者的声音，从消费者视角了解自身优势和劣势，在此基础上细分消费群体、设计产品、制定价格，做出相应的管理决策。用户生成内容由消费者自我表达生成，反映的是用户自身的想法和需求，更能代

---

[1] https://www.powerreviews.com/insights/2021-ugc-conversion-impact-analysis/.

表大众消费者的群体认知,对于企业了解用户偏好、了解用户视角的产品意见具有重要作用。

实现精准服务。当前消费升级和市场细分的趋势逐渐明确,用户对于产品的需求更加个性化和差异化。企业需要充分了解每个用户的个体需求,进而针对性提供服务。用户生成内容是企业刻画用户、实施精准服务的最佳数据来源。企业通过对用户注册信息、浏览日志、产品评论、交易记录等多元数据的采集与分析,可以对用户需求、偏好和兴趣进行精准刻画,并相应推荐个性化产品与服务。例如,视频类网站利用用户对电影等视频内容的评分数据,分析用户的观影品位,推荐与用户兴趣一致的影视内容。

把握实时动向。无论是企业自身还是第三方研究公司,基于历史数据进行的分析研究都有一定的滞后性。在瞬息万变的市场竞争环境中,滞后的用户信息已无法满足企业需求,企业只有实时了解市场环境和竞争对手动态,才能在飞速变化的市场环境中保持敏锐,及时调整。作为产品服务的最终消费者,用户能够最先感知产品价值,体验产品效用,并将这些感知和体验实时反映在发布的内容中。因此,用户生成内容中信息更新速度快,有助于企业紧跟市场。例如,企业挖掘用户生成内容中包含的用户情感,能够了解用户感知的波动方向及幅度,进而实时动态调整企业决策。

1.4 智能科技成为助力东风

智能信息技术以数字的形态刻画了企业间竞争,也为以"计算"的方式分析企业间竞争创造了机会。

1.4.1 分析手段成熟，数字趋势显现

在数字经济引领下，以人工智能、云计算、物联网、区块链等为代表的新一代数字技术改变了传统的生产方式，生产的定制化、智能化转型降低了其对土地、劳动力等传统生产要素的依赖，数据和人力资本等要素的作用日趋凸显，数字经济成为新时期经济发展的重要力量和国际竞争的新战场，数字技术成为企业实现高质量发展的利器。

利用数字技术和工具，越来越多的企业将某个生产经营环节乃至整体业务流程的信息链接起来，进行数据采集、传输、存储、计算和应用，通过数字计算将各类复杂多变的信息转变为可度量的决策依据，最终赋能企业的价值创造过程，实现数字价值和商业价值的叠加。

人工智能。从人工智能机器人 AlphaGo 战胜围棋世界冠军李世石，到智慧医疗使用人工智能影像辅助医生阅片，再到人工智能实现无人汽车驾驶，以深度学习为代表的人工智能技术飞速发展，成为科技创新和产业结构变化的核心驱动力，对社会经济运行、企业管理实践以及消费者日常生活均产生深刻影响。2020 年，中国人工智能核心产业规模达到 3 251 亿元，相关企业数量达到 6 425 家，排名全球第二。[1] 人工智能技术具备处理大规模数据的能力，还可通过优化模型充分发挥海量数据的优势。此外，人工智能技术可实现对多媒体数据的深度理解和对实体含义等抽象概念的刻画。利用深度学习模型，文本、图片、视频、语音等非结构化数据可通过学习得到分布式表示，从高维稀疏的数据转化为低维空间内连续稠密的向量，基于向量计算精准衡量数据间的相似关系，或将表示向量作为后续模型的输入，实现冗余信息归并和其他任务。同

---

[1] 深圳市人工智能行业协会. 2021人工智能发展白皮书.

时，人工智能技术具有强大的特征学习能力，能够自动从大量数据中提取有效信息，不需要专家指定和提取特征，较少依赖管理决策过程中的领域知识和专家经验，具有人工成本较低的优势。

云计算。数字经济下，企业越来越希望通过信息技术辅助商业决策、商业创新和流程优化。按照传统的信息技术（IT）部署模式，企业要购买服务器、存储设备等硬件，服务器中要装操作系统、中间件、应用等软件，还要自建或者租用数据中心等，投入巨额资金，建设周期漫长。云计算打破了传统的IT部署架构，为企业提供可用的、便捷的、按需的网络访问。企业进入可配置的计算资源共享池，只需投入很少的管理精力和部署成本，即能使用云资源实现对业务、应用和数据的整合。当前，云计算技术已深入渗透到各行各业，从游戏、电商、社交等互联网领域，到制造、金融、交通、医疗健康等传统行业，云架构均实现了行业发展与信息技术的融合。例如，游戏厂商通过租用按需计费的云计算资源，既能降低运营成本，又能满足用户对高清流畅服务的需求。学校在疫情期间依靠云计算建设在线课堂，协助开展教学工作、推进教学进度。各大医院借助云平台实现远程会诊，构建互联网医院提供线上诊疗服务，既能规避问诊时的交叉传染风险，同时也可以推动优质医疗资源向边远地区输出。能源类企业以云服务为基础，搭建数字能源网络，实现能源的远程接入与调配以及云端的能源智慧服务，以数字化的方式优化能源配置效率。

区块链。区块链是一种由多方维护，使用密码学保证传输和访问安全，能够实现数据一致存储、难以篡改、防止抵赖的记账技术。与传统中心化数据库相比，区块链具有去中心化、无需信任系统、不可篡改等优势。凭借独有的信任建立机制，区块链正改变诸多行业的应用场景和运行规则，可在多方合作网络中增加数据透明度与安全性，是发展数字经济、构建新兴信任体系不可或缺的技术之一。对实体产业而言，区块链技术可以优化传统产业升级过程中的信任和自动化问题，提高产业效率。例如，区块链利用时间戳、共识机制等技术，实现供应链上的商品防伪溯源，各节点的参与者均可查询商品源头、证实信息真实性。在物流领域，区块链技术可解决"大物流"模式下的信任问题，商品包装、调取、运输、交接及送达等每一环节物流信息均被清晰记录在区块链上，保障了物流数据的真实完整，促进了商品流、物流、信息流、资金流四流合一。此外，区块链还能够弥补金融和实体产业间的信息不对称，建立高效的价值传递机制，实现传统产业价值在数字世界的流转。对金融领域而言，区块链技术是法定数字货币的技术基础。不同于其他数字货币的分布式记账，法定数字货币存储在由央行集中管理的总账中，央行具有追踪支付的能力，以此制止洗钱、反恐融资、打击逃税和贿赂等犯罪活动。

物联网。物联网通过二维码、射频识别（RFID）、传感器、全球定位系统（GPS）、激光扫描等信息识别设备，将物品、人、系统和信息资源通过有线或无线传输协议相连接，进行信息交换通信，从而实现智能识别、定位、监控、控制和管理。在消费互联网大发展的基础上，物联网突破了人与人连接的边界，实现物与物、人与物的泛连接，拓展了物理世界数字化的深度和广度，成为新一代网络变革的方向。随着传感器和芯片成本不断降低，物联网的应用场景不断丰富，与各行各业结合，孕育出以个人物联网、家用物联网为代表的消费物联网，以及以车联网、商业物联网、供应链物联网等为代表的产业物联网。作为数字经济的重要基础设施之一，物联网技术是传统产业数字化转型的重要手段。物联网内海量的连接将产生丰富的数据，包括用户数据、终端数据、业务使用数据等，结合不同行业需求对数据进行深入加工，能够为企业创新多种类型的数据应用，提供更多数字场景的刻画。

1.4.2 科技赋能管理，释放发展动能

新一代数字技术逐渐与企业经营和业务流程融合，为企业管理带来诸多机遇和动力。一方面，凭借云计算、区块链、智能穿戴设备等技术，企业得以获取更多数据，其中既包括消费者评价、产品使用等需求端数据，也包括生产、制造环节产生的供给端数据。通过深度学习等技术，企业能够对内外部海量数据进行整合分析，基于分析结果为管理者提供智能建议，协助管理者进行复杂问题的分析和处理。人工智能强大的信息处理能力能够突破管理者在知识、精力和时间等方面的局限，避免人为决策中的主观认知偏差，帮助管理者进行更为客观准确的决策。另一方面，新一代数字技术也赋能企业的产品和服务创造流程，帮助企业降低运营成本，提高生产效率，为用户提供更具竞争力的产品。例如，在产品研发阶段，引入虚拟现实（VR）和增强现实（AR）等技术，通过在不同参数、不同环境下模拟不同产品设计的性能差异，并以可视化技术直观展示不同的设计方案，企业可以在低成本情况下选择最佳的产品设计。利用 3D 打印技术，企业的产品设计和生产能力将会大幅提升，产品从原型设计到投产的时间缩短，企业能以较低成本实现产品的个性化生产和服务。利用云计算技术，越来越多的产品功能转移到云服务器，计算任务与管理任务进一步剥离，企业得以专注于产品本身，企业的服务水平将会大幅提升。

1.4.3 科技使能创新，创造跃迁机遇

企业利用数字技术不仅能够提升效率，还能颠覆传统管理流程，创

新商业模式，创造新的商业机遇。

商业模式方面，数字智能技术改变了产品形态，企业服务化趋势加快，从为用户提供产品转变为依托互联网、云计算、智能设备等提供以数据为基础的服务。以汽车制造业为例，传统汽车厂商纷纷转型为移动出行服务公司，汽车电动化、智能化、共享化、网联化已成为趋势，未来汽车企业将更多提供基于道路、交通、天气、用户偏好等数据的出行服务，而汽车将成为出行服务的载体和工具。目前，福特、吉利、宝马、戴姆勒、一汽、北汽、上汽、大众等企业均开始布局移动出行服务领域。2018年，丰田公司为东南亚共享出行企业Grab提供10亿美元股权投资，是迄今为止单家汽车制造商在共享出行领域规模最大的一笔投资。通过共享出行企业获取大量汽车使用数据，丰田能够更好地理解消费者对汽车的使用模式，逐步从汽车制造商转型为移动出行服务商。

数字智能技术也改变了企业的组织形式和治理结构。例如，在分布式应用服务、消息服务等云计算技术的支持下，2015年阿里巴巴为适应数字经济进行了战略性组织架构调整，将传统的树状结构调整为网状结构，将为业务线提供基础技术、数据等的支持部门整合成为"大中台"，统一为业务线提供支持和帮助。业务中台实现后端业务资源到前台易用能力的转化；数据中台利用获取的各类数据，对数据进行加工，获取分析结果，提供给业务中台使用。业务中台与数据中台相辅相成、互相支撑，加快业务孵化速度。在双中台的支持下，聚划算业务在仅投入10多名员工的情况下，从提出到上线仅耗时一个半月。之后阿里巴巴的中台架构又孵化出钉钉、飞猪、口碑等一系列创新业务。

数字技术发展也改变了企业供应链的形态，传统"供应商—生产商—批发商—零售商"的线性结构被颠覆，来自不同行业、不同职能、不同地区的企业形成基于互联网平台的"供应网"。同一企业可以参与到不同的供应链网络中，甚至在不同的供应链中承担多种角色。同时，依托移动互联网、云计算等技术，过去不相关的产品或服务被关联起来，形成生态圈以满足消费者的集成式需求。例如，智能家居生态圈将路由器、电视、音箱、空调、灯具等产品智能化集成，为消费者提供整体的无缝式服务。生态圈的形成，改变了传统的企业竞争模式，企业不再以个体形式在供应链的某个局部实现盈利，而是以整个生态圈提供的服务为消费者创造价值。

此外，人工智能等数字技术的发展，实现了对潜在的、难以量化的、有价值的数据的收集和分析，为企业和消费者创造新价值。传统的企业管理虽然强调消费者视角的重要性，但消费者信息获取渠道和规模有限，信息存储以及分析能力不足，难以为企业决策提供有力支撑。但是，受益于当下各类传感数据的增多以及云计算技术的升级，企业能够以较低的成本从多个维度快速收集海量用户数据，并借助智能分析技术对文本、图像、语音等进行深入挖掘，全方位了解消费者，实现精准的消费者画像。例如，在了解市场、刻画市场结构时，传统的企业管理决策需要通过访谈、问卷等形式获取消费者对产品的态度和看法，不仅耗时费力，收集的数据的规模和准确性也难以保证。近年来利用新一代数字技术，企业可直接基于在线评论、社交平台等用户生成内容提取消费者需求，相较于传统的问卷访谈形式，使用人工智能技术的新一代方法效率更高，能够发现传统方法难以发掘的新维度，甚至能够了解消费者的深层次产品需求。

第 2 章
企业竞争智能

企业竞争智能是数字经济时代企业获取竞争优势的关键路径，包括竞争者识别、竞争者分析等常见任务。这一章将重点介绍这些任务的含义、已有的学术研究成果，以及它们的典型应用。本书介绍的企业竞争智能分析方法主要基于用户生成内容从消费者视角展开，因此，这一章也将会介绍用户生成内容的相关研究和应用进展。

2.1 企业竞争智能概述

在竞争高度激烈的商业环境中，企业必须时刻掌握市场竞争环境以及竞争对手的动向。竞争智能（Competitive Intelligence）结合经济学、管理学和信息科学等领域的理论与方法应运而生，为企业提供竞争情报并辅助管理者决策。在商业领域，竞争智能专业人员协会（Society of Competitive Intelligence Professionals，SCIP）将竞争智能定义为用于收集、分析并管理影响企业计划、决策和运营的外部商业信息的系统。[①]在学术研究领域则将竞争智能定义为"企业收集有关竞争对手和竞争环境的信息，并将其应用于企业流程计划和决策制定过程中，进而提高企业的表现"（Brody，2008）。商务智能（Business Intelligence）是关于企业业务流程的智能分析，类似地，竞争智能则是对于企业所处竞争环

---

① https://www.scip.org/default.aspx.

境的智能分析。在各类智能分析中，竞争智能是企业较多关注并频繁应用的专业领域，正如López-Robles等（2019）指出的，"竞争智能与知识管理、决策、商业战略等领域密切相关。……竞争智能将其他智能方法与组织战略和企业商务智能连接起来，这使得竞争智能成为战略管理、竞争分析以及知识经济领域的核心内容"。

当前，大多数企业认识到竞争智能在企业风险管理和战略决策支持中的重要性，并对竞争智能投入大量资金。一项调查显示，82%的大型企业和超过90%的《福布斯》全球500强企业均采用竞争智能进行风险管理和决策。正如美国家乐氏公司前总裁加里·科斯特利所说，"竞争智能的巨大回报在于，它能指出由于竞争对手的优势而导致的企业内部存在的劣势"。竞争智能赋予企业收集并利用竞争信息的能力，帮助企业以较高的精确度预测商业环境的变化、竞争对手的行动和市场客户的需求。通过对弱信号及早期预警信息的分析，竞争智能能够识别竞争对手的优势、劣势、目标、市场定位或可能的反应行动。这些信息使管理者快速了解企业所处行业、企业本身及其竞争对手的情况，为企业整个战略规划过程提供信息，缩短企业在动态竞争环境中的响应时间，使企业制订的战略计划更适合竞争环境并能更好地承受外部压力（Wright和Calof，2006）。

竞争智能的常见分析内容包括竞争对手的制造或服务能力、竞争对手建立的联盟或合资企业、竞争对手针对特定市场或产品线的未来机会和战略、企业或业务部门战略发生变化的原因等（Bose，2008）。传统的竞争智能分析通常从媒体、专利数据、销售记录、消费者调查、竞争对手年报、第三方采访、委托研究或行业趋势报告等来源中提取关于竞争者的信息（Ranjan和Foropon，2021）。受数据处理和分析能力的限制，企业竞争智能往往只能依赖管理者基于个人经验的主观分析。例如，管理者较多利用经典的战略分析工具对收集的数据进行分析，如波士顿增长/股份投资组合矩阵、麦肯锡矩阵、波特五力分析、战略群分析、SWOT分析、财务比率以及价值链分析等等（Fleisher和Bensoussan，2003）。这些分析方法将收集到的信息转化为与竞争对手相关的竞争情报，以解决特定的竞争战略决策问题。然而，由于这些信息大多由企业生成，信息内容和客观性均受到限制，缺乏从市场侧对竞争对手的描述，极大地限制了竞争智能的作用。

随着数字经济的蓬勃发展，在线评论、博客、社交媒体、论坛等渠道上的数据爆炸式增加，在这些渠道中，越来越多的消费者有机会直接表达他们对产品的看法和意见（Xu等，2011）。一方面，这些产品意见数据直接来自消费者，更加真实客观，成为竞争智能重要的数据来源。另一方面，物联网、大数据和云计算等新一代数字技术为竞争智能创造了更高的价值，竞争智能能够实现对文本、语音、图片等多模态数据的分析和挖掘，摆脱对人工的依赖和主观分析的局限性。更大更全面的数据、更强更客观的数据分析能力，赋予竞争智能更多机会和价值，让企业能够从大量多模态数据中挖掘更多有价值的趋势、模式和知识，实现对竞争环境和竞争对手更及时、更细致、更准确的分析。

作为竞争智能领域的重要议题，竞争者识别和竞争者分析能够为企业和消费者决策提供有效的信息支持，在相关学术研究领域也取得了一定的研究积累，接下来将详细介绍竞争者识别和竞争者分析的相关学术研究成果。

2.2　竞争者识别

竞争者识别包括管理视角的竞争者识别和技术视角的竞争者识别，

这一节介绍这两方面的内容。

2.2.1 管理视角的竞争者识别

根据研究方向的不同，传统管理视角的竞争者识别研究可分为行业视角、企业战略视角、认知视角以及消费者视角四个方面。

行业视角的竞争者识别研究认为在同一行业或同一市场中运营的企业是竞争者。一部分研究通过划分现有企业的行业边界（Storbacka 和 Nenonen，2012），或分析行业中已有企业和潜在进入者的战略和资源识别竞争者（Boyer，1992）。例如，为强调地理市场边界对竞争者识别的重要性，使用地理邻近度识别当地竞争者数量，并估计潜在竞争者进入当地市场的可能性。类似地，Samiee（2008）指出社会经济等竞争环境变化会改变行业格局，并改变企业的竞争者。

企业战略视角的研究着眼于行业内的战略集团，指出在战略、技术、使用场景等方面相似的企业间存在竞争。此类研究从企业资源角度对企业间竞争关系进行分析，例如，Chen（1996）建立了基于市场共性（Market Commonality）和资源相似性（Resource Similarity）的竞争者识别分析框架。市场共性指的是竞争对手与目标企业在市场上的重叠程度，该指标能够判断一个企业是否为直接或主要竞争者。资源相似性指的是竞争对手拥有的战略资源在资源类型和资源数量上与目标企业的可比程度。Chen（1996）认为，每个企业都有独特的市场情况和战略资源，具有相似资源的企业更可能有相似的战略和竞争的优劣势，在两个维度上将竞争者与目标企业进行比较，能够在两个企业正式开展竞争攻势前衡量两者的竞争压力，并预测目标企业如何与每个竞争对手开展竞争。然而，Clark 和 Montgomery（1999）指出，在识别竞争者的过程中，管理者不应当过于依赖基于资源的属性，应当更多关注基于需求的属性，从消费者视角定义竞争者。同时，Bergen 和 Peteraf（2002）在 Chen（1996）的基础上根据竞争对手与目标企业在市场共性和资源相似性上的差异，进一步将竞争者区分为直接竞争者、间接竞争者和潜在竞争者，并指出管理者过于关注具有相同资源的竞争者，而忽略了具有不同资源但也能满足类似市场需求的竞争者。因此，上述几位学者从消费者视角出发提出了市场需求一致性（Market Needs Correspondence）和能力对等性（Capability Equivalence）两个概念，用其替换 Chen（1996）框架中的市场共性和资源相似性（Peteraf 和 Bergen，2003）。在新的竞争者识别框架中，市场需求一致性是指竞争对手能否与目标企业满足相同的消费者需求，而能力对等性则从企业资源的视角强调两个企业是否具有能够满足相同需求的能力。Chen（1996）与 Peteraf 和 Bergen（2003）提出的基于市场和资源两个维度的分析思路成为竞争者识别研究的经典框架，为后续竞争者识别研究奠定了基础。Peng 和 Liang（2016）将主导设计加入分析框架中，并以智能手机行业为例从主导设计的角度展示了企业间的动态竞争过程。刘志辉等（2017）引入技术创新视角，通过构建新的企业竞争分析框架，定量描述企业面临的竞争威胁。

与基于企业战略管理的竞争者识别不同，还有一部分研究从认知视角对竞争者识别进行阐释。这些研究将市场看作社会结构，从心理和行为两个角度对企业管理者如何感知竞争者进行分析（Porac 等，1995；Clark 和 Montgomery，1999）。认知方法主要形成两类理论：分类理论和评价理论。分类理论认为管理者通过直接划分的形式确定竞争者，首先对目标企业产生心理认知，之后在头脑中确定其他企业的行业分类，将处于同一类别的企业视为竞争者，并根据行业分类衡量竞争对手与目标企业的相似性（Peteraf 和 Shanley，1997；Clark 和 Montgomery，

1999）。而评价理论则从个体如何感知周围环境出发，认为管理者按照竞争维度来评估其他企业，从而找到目标企业可能的竞争者（Cunningham 和 Culligan，1988）。

消费者视角的研究认为被消费者认为相似、能够满足相同消费者需求的产品间存在竞争关系，因此，此部分研究着重分析消费者对符合其偏好的替代产品和服务的看法，以此作为识别市场中产品竞争者的基础（DeSarbo 和 De Soete，1984；DeSarbo 和 Jedidi，1995）。其中，一部分研究关注如何识别满足市场中消费者相同需求的产品，进而实现竞争者识别（DeSarbo 和 Jedidi，1995）；或关注消费者偏好变化对竞争者识别的影响（Böckenholt 和 Dillon，1997）。还有一部分研究利用购买数据分析消费者的品牌转换行为，通过消费者的品牌转换行为识别竞争者（DeSarbo 和 De Soete，1984）。例如，Dawes（2014）利用消费者的品牌转换行为识别具有竞争关系的企业群体，并衡量企业间的竞争强度。类似地，也有研究利用品牌感知相似性（DeSarbo 和 Manrai，1992）、营销组合弹性（Russell 和 Bolton，1988）、选择偏好（DeSarbo 等，1993）等不同层面的消费者信息实现竞争者识别。

但是，无论从哪个角度出发，传统管理视角的竞争者识别方法均依赖企业管理者的个人经验和先验知识，容易受到环境变化的影响（Day 和 Nedungadi，1994；Clark 和 Montgomery，1999）。同时，此类研究往往通过用户调查来获取数据，不仅需要花费大量时间和精力，数据获取成本很高，数据时效性也难以保证，难以及时反映市场的动态变化（Kim 等，2011）。

2.2.2 技术视角的竞争者识别

针对管理视角的竞争者识别研究的缺陷，近年来一些研究提出基于技术的竞争者识别方法，从大量在线数据中自动挖掘并识别竞争者，能够显著提高竞争者识别准确性和效率。这些技术方法一般将竞争者表述为更为宽泛的可比较实体，实体指的是企业、品牌、产品等竞争智能分析的标的物。需要说明的是，本书在进行这方面技术方法的介绍时，会将竞争者识别表述为可比较实体识别，也会将竞争者描述为实体。

技术视角的竞争者识别方法按照使用技术方法的不同，可分为基于模式的方法和基于学习的方法。基于模式的方法是当前从技术视角进行竞争者识别的主要方法。Jindal 和 Liu（2006a）率先提出比较性语句的概念，开创了从技术视角进行竞争者识别研究的先河。比较性语句，如"Sony 的音质优于 Bose"，是表达实体（例如 Sony、Bose）在某一共同特征上的先后顺序的句子。Jindal 和 Liu（2006a）利用句子中词语的词性定义一系列分类序列规则（Class Sequential Rules），并使用朴素贝叶斯分类模型对句子类别进行分类，确定句子是比较性语句还是非比较性语句。在确定比较性语句后，Jindal 和 Liu（2006b）进一步提出可使用基于规则的方法从比较性语句中识别竞争者。该研究使用词性标签和预定义的比较性关键词生成标签序列规则（Label Sequential Rules），并选择置信度较高的规则从比较性语句中提取竞争者。但是，该研究中使用的规则过于具体，虽然能够实现高查准率，但查全率较低。因此，Li 等（2013）在此基础上定义了更宽泛的序列规则，并通过启发式方法交替扩展序列规则和竞争者识别结果，进一步提高了竞争者识别的查全率。

此外，部分研究通过定义其他类型的模式来识别竞争者。Bao 等（2008）通过"A 和 B""A 比 B"等一系列预先规定的语言模式从搜索引擎结果中挖掘竞争者。类似地，Jain 和 Pantel（2011）从搜索日志和网页中提取候选竞争者实体，之后通过候选实体周边词语的相似性滤除噪声。Jiang 等（2013）则使用预先定义的模式从网络搜索日志中识别竞争者实体并构建竞争网络图，为了获取更全面的竞争者集合，该方法根据在竞争网络图中实体间的共同出现情况，进一步更新比较模式并据此挖掘更多的竞争者。Ruan等（2014）从企业的招股说明书中识别竞争者，根据招股说明书中表格、列表以及文本的特点定义比较模式，利用这些模式识别竞争者。Li等（2019）扩展了基于词性标签的共现模式，在原有模式的基础上补充了竞争者关键词间的语法依赖关系和相对位置，并利用扩展后的共现模式识别竞争者。

在基于学习的方法中，大量的研究工作将竞争者识别视为分类问题，从不同数据源中提取分类属性，判断两个给定实体间是否存在竞争关系。Ma等（2011）基于新闻报道中企业实体之间的引用关系，从在线新闻中构建实体互引网络，利用实体在网络中的结构特征推断企业间的竞争关系。Pant和Sheng（2015）验证了存在竞争关系的企业在互联网中具有相似的足迹，根据企业网站内容和链接结构提出了三种在线同构指标，将其作为分类属性来判断企业间的竞争关系。Choi等（2019）根据企业在交易网络中的结构特征评估其资源相似性和市场共性，在此基础上对三种类型的竞争者进行分类。Arora等（2017）则利用基于深度学习的LSTM（Long Short-Term Memory）模型，识别比较性语句中的竞争者、竞争领域和竞争方向。

与此同时，还有一部分研究采用生成学习模型，对竞争关系进行挖掘。Yang等（2012）关注多个数据来源，将Twitter网络与专利网络连接成复合网络，并针对复合网络设计了话题因子模型，识别实体间的竞争关系。Tang等（2012）提出了一个动态概率模型，对专利网络中的实体话题演变进行表征，进而在话题层面上分析实体间的竞争关系。史敏等（2020）基于LDA（Latent Dirichlet Allocation）模型对企业实体的专利数据进行语义分析，并从背景相似性、解决方案相似性和时间三个维度识别竞争者。

虽然技术视角的竞争者识别方法能够突破管理视角的竞争者识别方法的局限，但仍存在一些不足。首先，已有学术研究提出的技术视角竞争者识别方法均假设在同一比较性语句中共同出现的实体具有竞争关系，而当比较性语句匮乏甚至不存在的情况下，此类方法的实用性和有效性将受到很大影响。其次，现有技术视角的竞争者识别方法忽略了实体通过上下文语义关系形成的直接比较关系，以及实体间存在的间接比较关系，导致竞争者识别结果不够全面，容易忽略潜在竞争者。最后，已有方法大多基于位置判断实体间是否存在竞争关系，缺乏对实体语义的深入分析，这使得竞争者识别结果存在大量噪声，影响管理者和消费者的决策有效性。

2.3 竞争者分析

竞争者分析可以刻画竞争者之间的竞争程度，也可以发掘具体的竞争领域和方向，本节将介绍这两方面的内容。

2.3.1 竞争度刻画

将竞争者识别结果作为已知给定信息，现有竞争智能研究进一步对竞争者间的竞争程度进行分析。例如，Wei 等（2016）提出了一个二部图模型，借助实体在网络搜索日志中的共同搜索关键词构建二部图，利用实体在二部图上的游走路径衡量实体间的竞争程度。Valkanas 等（2017）则将竞争者间的竞争程度定义为消费者在评论中提及竞争者产品属性的重叠程度。

此外，部分学术研究关注如何将竞争者按照竞争程度排序，这些研究将每个比较性语句中的意见汇总，生成竞争者在某一领域或全局性的优劣排名。Kurashima 等（2008）将比较性语句中包含的竞争关系汇集成网络，并在网络上通过 PageRank 方法生成竞争者的总体排名。Li 等（2011）综合在线评论和在线问答社区中的竞争关系，为每个竞争领域单独构建一个图模型，以此实现特定竞争领域的竞争者排名。Tkachenko 和 Lauw（2014，2017）同时关注句子层面和实体层面的竞争排名，构建了一个生成模型识别两类信息。在此基础上，Sikchi 等（2016）加入产品说明信息对此模型进行扩展，扩展模型提高了竞争排名的准确性和解释性。

2.3.2　竞争意见分析

竞争意见可从竞争领域和竞争方向两个维度去分析。

Jindal 和 Liu（2006b）使用标签序列规则从比较性语句中识别竞争者，该方法也可以识别出比较性语句中包含的竞争领域词。Kessler 和 Kuhn（2013）借鉴经典的语义标注模型，从比较性语句中同时识别用户偏好的实体和竞争领域词。类似地，Arora 等（2017）利用 LSTM 模型同时识别比较性语句中的竞争者和竞争领域。Liu 等（2019）关注实体竞争优势的挖掘，通过比较包含不同实体的在线评论中的情感极性，识别某一实体相对于竞争者而言情感极性更高的领域，进而将这一领域定义为实体的竞争优势。随后，Lee 等（2019）提出一种改进的深度神经网络，从在线评论中推断用户对竞争者的偏好。

识别竞争者之间的竞争方向，也就是判断两个竞争者中哪个实体更被用户偏爱。Ganapathibhotla 和 Liu（2008）针对不同类型的比较性语句分别定义比较模式，根据不同模式确定句子中被偏好的实体。同时，这两位学者也指出，当句子中的竞争词和竞争领域词均不带有观点时，可利用在线评论中消费者撰写的"优势"和"劣势"作为外部信息，补充确定实体的竞争方向。Xu 等（2009）定义了三类竞争方向，并提出一个多分类的支持向量机（Support Vector Machine，SVM）模型，对比较性语句中的竞争方向进行划分。Xu 等（2011）针对比较性语句构建了一个两阶段的条件随机场（Conditional Random Field，CRF）模型，从比较性语句中提取竞争关系，包括竞争者、竞争领域关键词以及竞争方向。

2.4 竞争智能的典型应用

竞争智能在管理实践中有多种应用，本书将重点介绍其中一类代表性应用，即市场结构划分。管理者在了解竞争者信息后需要明确各竞争实体的市场定位，划分当前市场的竞争结构，从而明确企业的竞争战略。多年来，大量市场营销领域学者针对如何构建市场结构并将其在二维或三维空间内进行展示开展研究，这些传统研究所提出的方法大多以消费者调查数据为基础，可分为组合型（Compositional）和分解型（Decompositional）两类（Huber 和 Holbrook，1979；Culotta 和 Cutler，2016）。组合型方法通过消费者调查数据构建消费者感知图来反映产品的市场定位。在消费者调查过程中，组合型方法要求被调查消费者（简称被试）对产品在不同属性上的表现进行评分，之后利用主成分分析（Principal Component Analysis，PCA）等降维方法将产品属性凝练为宽泛但数量较少的属性维度。组合型方法通过产品在各个属性维度上的评分表现，将每个产品在属性空间中定位，进而绘制消费者感知图

(Huber 和 Holbrook，1979；Hauser 和 Koppelman，1979）。利用消费者感知图，研究者能够直观分辨不同产品在某一属性维度上的表现差异，同时，图中距离较近的产品具有相似的市场表现并处于同一市场层级（Bijmolt 和 van de Velden，2012）。不同于组合型方法，分解型方法通过衡量产品相似性反映市场结构和产品定位（Erdem，1996）。在消费者调查过程中，分解型方法将候选产品两两配对，要求被试判断每对产品之间的相似性，而不需要被试对产品每个具体属性的表现进行评判（DeSarbo 等，2006）。在此基础上，分解型方法利用多维尺度分析（Multidimensional Scaling，MDS）从相似评分矩阵中提取特征空间，并将高维特征空间转化为更清晰的低维特征空间。在低维特征空间内，产品间的距离能够反映消费者对产品相似性的评分趋势（Green，1975；Jain 和 Pinson，1976）。但是，由于在数据收集过程中要求消费者参与，这些市场结构构建方法也存在明显的局限。在消费者调查过程中招募被试的规模较大，耗时较长，需要花费大量的时间和金钱（Culotta 和 Cutler；2016）。同时，在调查过程中，可能因为消费者的主观因素导致收集到的数据存在偏差。这些问题降低了传统市场结构划分方法的准确性和有效性（Netzer 等，2012）。

针对上述问题，近年来有部分学者将用户生成内容作为消费者意见的有效来源，提出基于用户生成内容分析产品定位和市场结构的方法，以避免消费者调查的局限。与传统市场结构划分方法相对应，这些研究可分为消费者感知图构建方法以及市场结构图构建方法。

消费者感知图构建方法重点关注如何从用户生成内容中提取消费者对产品特定属性的感知评分，在此基础上构建消费者感知图并分析产品的市场定位。Lee 和 Bradlow（2011）从在线评论中提取消费者关注的产品特征，并利用聚类方法将产品特征归为更凝练的产品特征维度，基于产品评论中各产品特征维度出现次数衡量消费者对产品特征的感知评分,进而实现产品定位。Lee 等(2016)提出可从在线评论中提取消费者在每个产品属性上的情感极性,利用正向情感的数量计算感知评分。Culotta 和 Cutler(2016)关注社交媒体中的社交关系,发现在 Twitter 上存在一些用户,这些用户既关注品牌的账户也关注与品牌某一个属性相关的非营利性组织账户;这些用户的数量可以反映消费者对品牌在这一属性上的评价,基于这些评价可计算品牌的感知评分。类似地,Pournarakis 等(2017)关注社交媒体中的用户生成内容,首先利用 LDA 模型刻画 Twitter 内容所属话题,再使用 SVM 模型对 Twitter 内容的情感极性进行分类,通过话题的平均情感得分反映消费者对产品在这一话题上的感知评分。Nam 等(2017)将 Twitter 中与产品相关的社交标签作为产品属性,通过这些属性衡量不同产品之间的关联程度,同时,使用 LDA 将产品属性聚合为核心话题,进而计算消费者对这些核心话题的感知。Liu 等(2020)则关注用户生成内容的图片信息,利用卷积神经网络识别包含产品属性的图片,将包含特定属性的图片比例作为消费者感知得分。

市场结构图构建方法重点关注如何衡量产品间连接关系的强度并将其绘制成可视化网络。Netzer 等(2012)利用在线论坛中产品被共同提及的次数来衡量产品之间的连接度并构建市场结构网络,在此基础上利用 MDS 方法分析产品在市场中的定位。Ringel 和 Skiera(2016)利用用户点击和浏览信息,通过两个产品被同一用户浏览的概率衡量其连接程度并绘制市场结构图。Gao 等(2018)通过预定义的属性分类和情感词典,从在线评论的比较性语句中提取消费者对不同餐馆的情感差异,在此基础上构建比较网络以反映市场结构。Gabel 等(2019)根据产品在购物篮中共同出现的关系提取每个产品的隐含属性表示,基于产品的隐含属性表示计算产品间相似度，并将产品在二维空间中定位，实现市场结构的表示和划分。

2.5 用户生成内容的管理应用

当前，用户生成内容成为互联网上的主要数据形式，也是反映消费者意见的主要数据来源，因此围绕用户生成内容产生了很多有价值的研究工作。用户生成内容有多种不同类型，限于篇幅，本书主要关注在线问答内容和网络搜索日志两种类型，这也是本书随后章节介绍的企业竞争智能分析方法的基础。

2.5.1 在线问答内容的管理应用

近年来，在线问答平台受到学界和业界的广泛关注。在线问答平台主要由问题、话题和平台用户组成（Chen 等，2019）。平台上的用户来自不同领域，具有不同的知识背景。任何用户都可在平台上提出问题，相关的问题形成话题组，一个问题可属于不同的话题组，每个问题可由多个用户从不同的角度进行回答（蔡舜等，2019）。用户会根据自己的经验和知识储备对问题进行回答，给出的答案往往内容专业且有针对性（Khansa 等，2015）。同时，其他用户可根据自己的理解对回答进行投票和评论，通过对答案的评论，用户之间可进一步交流和讨论，不断深化对问题的理解。

与在线问答平台相关的管理应用研究可分为两类。一类学术研究从信息提取的角度出发，试图解决在线问答平台上的"问题饥饿"现象，即用户需要等待较长时间才可获得所提问题的答案。此类研究主要分为三个方面：一是寻找专家用户，此类研究致力于寻找可能会回答问题的潜在专家用户，包括基于问答关系构建用户关系图并进行链接分析的权威导向方法（Zhu 等，2014），以及对用户过往回答内容和评分构建潜在主题模型的主题导向方法（Zhao 等，2015）；二是问题检索，此类研究主要考虑如何从在线问答平台上找到和所提问题高度相似的既有问题，将既有问题的回答作为所提问题的答案返回给用户，主要包括基于翻译模型的方法和基于话题语义的方法（Zhou 等，2016）；三是答案排序，此类研究利用在线问答平台上已有回答与所提问题的相关性、已有回答质量、回答者的专业程度等特征对已有回答进行打分，将得分高的已有回答返回给用户（Wei 等，2016），或通过监督学习方法对高质量的回答进行标注，学习得到适合所提问题的答案（Shtok 等，2012）。

另一类关于在线问答平台的研究则从用户行为角度入手，此类学术研究关注用户在平台上的知识贡献行为，对其知识贡献动机进行探究。例如，Khansa 等（2015）发现用户在平台上的积极参与行为取决于外部激励、用户追求以及目标实现。同时，自我追求、同伴认同和社会学习也被证实在用户知识贡献行为中发挥重要作用（Jin 等，2015）。此外，一些研究关注在线问答平台上的社交活动，Wang 等（2013）发现用户社交网络能够通过社交纽带激励用户投票以及生成更多高质量的答案。Chen 等（2019）进一步区分正向投票和负向投票，发现正向投票能够激发用户的知识贡献，而负向投票显著降低用户的知识贡献动机。Panovich 等（2012）指出更强的社交链接有助于平台上用户整体知识的提升。基于对用户社交网络的分析，陈小卉等（2020）发现回答者的知识贡献行为会因同伴效应受到与其有关注关系用户的正向影响，这种影响会随着回答者网络密度的增加而逐渐减弱。

与此同时，随着在线问答社区中用户数量的增多，越来越多的用户主动付费购买问答内容形成的知识产品，因此一些学者针对知识付费产品以及知识付费平台展开研究。一类研究以用户为切入点，分析知识付费平台的社区运营模式和用户体验。杜智涛和徐敬宏（2018）发现需求因素以及专业性、趣味性等体验因素对用户的知识付费意愿均有正向影响。通过对"知乎"和"得到"的案例研究，王节祥等（2020）发现知识付费平台需要构建起"隐性知识显性化—显性知识联合化—显性知识隐性化—隐性知识共同化"的知识转化过程闭环以实现稳定可持续发展。另一类研究以知识付费产品为切入点，分析知识付费产品生产和交易的影响因素。蔡舜等（2019）研究发现知识产品的价格对销量有负向影响，产品评论的数量和效价能够体现知识产品的质量，因此对知识产品的销量有正向影响，同时也可以减弱知识产品价格的负向影响。Zhang等（2019）发现专家用户对知识产品的价格更不敏感，而非专业用户对知识产品的满意度容易受到产品历史价格等因素的影响。

2.5.2　网络搜索日志的管理应用

数字信息时代，搜索引擎成为用户获取信息的主要途径。当发生重要事件时，人们首先会在网络上搜索获取所需信息，搜索内容在用户搜索过程中被记录下来，成为用户行为相关的重要数据，并与现实世界中的经济和商业环境息息相关（Fang和Chen，2016）。由于用户的搜索行为是非公开的，在生成过程中用户没有自我表达的意识，且不会受到其他用户的影响，因此可以反映用户的真实想法（Hu等，2014）。与此同时，与其他形式的用户生成内容相比，网络搜索日志数量更为庞大，更能够体现群体智慧（Geva等，2017）。基于此，近年来大量国内外学者将搜索日志作为一种重要的用户生成内容，通过对网络搜索日志的分析获取消费者真实需求或意图，为信息服务、销量预测等管理决策提供支撑。

其中，一部分学者致力于解决查询关键字与所需文档之间的不匹配问题，帮助用户进行更有效的查询。这些研究工作可分为两个方向。一是查询推荐，学者们使用随机游走（Qi 等，2015）、数据挖掘（Li 和 Kao 等，2012）、机器学习（Liu 等，2017）等方法，根据历史查询与当前查询的相关性、查询内容的多样性或者查询者的个人偏好，向用户推荐查询关键词。二是查询重塑，通过历史查询记录分析查询词之间的依赖关系，将用户输入的查询词修改为更恰当的表达，使搜索引擎能够更好地理解用户意图（Bing 等，2015）。

与此同时，也有大量研究使用网络搜索日志进行预测。对于流行病检测，Eysenbach（2002）最先提出可使用网络搜索日志预测流行病的爆发，他发现流行病相关的搜索日志与流行病强度之间高度相关，并证明 Google 中与流行病相关的查询词的搜索频率是监控流行病发展趋势的有效指标。Ginsberg 等（2009）从 Google 搜索日志中识别与流感类疾病相关的查询词，从 5 000 万个网络搜索日志中识别 45 个查询词作为候选指标，构建线性回归模型预测流感的感染数量。Paparrizos 等（2016）通过用户历史搜索记录中出现的症状相关关键词，预测胰腺癌等重大疾病的发病人群。

在企业管理领域，Wu 和 Brynjolfsson（2009）利用 Google 搜索数据预测房屋的销量和价格，以及家电的销量。Choi 和 Varian（2012）利用网络搜索日志预测汽车、房地产以及旅行包的销量，实验结果证明，基于搜索日志的预测比不使用搜索日志的预测更准确。Du 和 Kamakura（2012）从搜索日志构成的时间序列中提取动态隐层因子，并用其预测汽车销量。Geva 等（2017）将网络搜索日志与在线论坛数据结合，预测汽车产品的销量。除预测销量外，Chen 和 Tsai（2012）还发现搜索日志中商业相关搜索词的搜索频率与商业周期状态相关，利用网络搜索日志预测商业周期的状态。Hu 等（2014）利用搜索数据对汽车销售进行建模，在其模型中，搜索日志不仅是销量的预测因素，还能够反映消费者对不同产品的兴趣程度。

在宏观经济方面，Askitas 和 Zimmermann（2009）利用 Google 搜索日志预测失业率，首先选择与失业相关的四组搜索查询词，将查询词的搜索频率视为时间序列，然后构建误差修正模型对失业率进行预测。Li 等（2014）首先通过专家知识构建劳动经济学概念的层级结构，在此基础上利用特征选择方法从搜索日志中提取与劳动经济学概念相关的查询词，并基于支持向量机方法利用提取得到的关键词对失业率进行预测。Vosen 和 Schmidt（2011）利用网络搜索日志预测美国的消费信心，研究结果表明，基于网络搜索日志的预测比基于消费者信心指数（CCI）等经济变量的传统模型效果更好。而为了解决预测时需要大量人工选取与预测领域相关的查询词的困难，Fang 和 Chen（2016）提出了一个特征筛选算法，利用搜索引擎返回检索文档中术语的频率筛选与预测领域相关的代表性查询词。

第 3 章
基于用户直接比较的竞争者识别

3.1 方法背景

竞争者识别是企业竞争智能分析的第一步,对处于激烈竞争环境中的企业而言,竞争者识别能够帮助确定竞争坐标与定位,明晰竞争对标与战略。近年来,部分学术研究使用基于学习的方法或者基于模式的方法提取比较关系、识别企业竞争者,指导管理者和消费者进行决策。这些方法虽然能够获取竞争者信息,但也存在一定局限。基于学习的方法需要事先给定候选产品集合和大量的人工标注,不仅耗时费力,还容易受到个人主观认知干扰。基于模式的方法虽不需要人工标注,但仅能从比较性语句中识别竞争者,当分析语料中比较性语句较少或不存在时,此类方法难以发挥作用。

此外,现有竞争者识别方法会预先假设在同一比较性语句中共同出现的实体具有竞争关系,但这一假设会忽略在非比较性语句中出现的竞争者实体。由于用户生成内容的形式多样,竞争者既可能出现在比较性语句中,也有很大可能出现在非比较性语句中,忽略非比较性语句中的竞争者导致了现有竞争者识别方法的效果不理想,容易忽略潜在竞争者。现有学术研究还忽略了用户生成内容中的上下文语义关联,即相邻句子之间存在的语义相关性(Jeon等,2005),两个实体在非比较语句中被分开讨论,其间也可能存在竞争关系。另外,用户生成内容是用户在开放环境下自由撰写而成,质量参差不齐,所含竞争者信息的可信度也存在差异(Lukyanenko 等,2014),但现有方法在识别竞争者时对所有内容"一视同仁",对其中所包含信息的质量不进行区分,这也降低了识别结果的精准性。

近年来,Yahoo! Answers、Quora、Naver 以及知乎等在线问答社区受到学界和业界的广泛关注。在线问答社区(Question-Answering Community)主要由问题、回答和用户组成(蔡舜等,2019)。社区内的用户来自不同领域,具有不同的知识背景。任何用户都可在社区内提出问题,相关的问题形成话题组,一个话题下可以有诸多问题,一个问题也可属于不同的话题。每个问题可由多个用户从不同角度回答,用户往往会根据自己的知识储备和过往经验回答问题,并提供有针对性的专业答案(Chen 等,2019)。同时,其他用户可以对答案进行投票和评论,表达自己是否认同答案内容,帮助社区用户辨别答案质量。通过评论回答,用户之间还可以进一步交流讨论,深化对问题的认识。目前,在线问答社区吸引了大量用户,他们在平台上搜寻所需信息,就大量的话题分享经验。以国内最大的在线问答平台知乎为例,截至 2020 年 12 月,知乎上的总问题数超过 4 400 万条,总回答数超过 2.4 亿条,每日新增超过 2 000 万条创作和互动,年访问人次超过 30 亿。[①]

作为用户生成内容中的典型,在线问答内容的上下文语义关联更加丰富,虽然问题和答案由不同用户独立撰写,但问答之间存在紧密的语义关联。在线问答社区中,消费者经常会向其他消费者提问咨询,如"预算 20 万元,除了本田 CR-V 还能买哪些 SUV?"在此问题的不同回答中,在线问答社区的用户会列举"JEEP 切诺基""大众途观""别克

---

① https://tech.163.com/21/0113/20/G08HH5MP00097U7R.html.

昂科威"等满足提问者要求且与"本田 CR-V"价格接近、功能类似的车型。虽然竞争者没有在同一比较性语句中出现，但是它们在同一回答中出现，甚至在问题和答案中分别被讨论，它们之间仍然具有直接的比较关系。因此，在设计竞争者识别方法时，这类存在于在线问答内容中更普遍的直接比较形式也应纳入考量。

针对现有竞争者识别方法的局限，以及用户生成内容的上述特征，本章将主要介绍和讨论一个名为 ICQA（Identifying Comparable entities from online Question-Answering contents）的竞争者识别新方法，该方法以在线问答内容作为用户生成内容的代表，不仅能够为一个给定产品识别竞争者，还能够按照竞争者的竞争程度高低为竞争者排序。ICQA 方法不需要人工标注，并能"双管齐下"分别从比较性语句和非比较性语句中识别出竞争者。同时，本章还利用真实的在线问答内容数据开展一系列用户实验，验证 ICQA 方法的有效性，比较其与现有方法的效果优劣。实验结果表明，ICQA 方法能够更准确、更全面地识别竞争者，能够发现现有方法找不到的新竞争者。同时，ICQA 能更好地衡量竞争对手之间的竞争程度，提供更可靠的竞争者排序结果。

3.2 基于用户直接比较的竞争者识别方法

ICQA 方法框架如图 3-1 所示，方法分为两个阶段，框架中的两个椭圆分别代表候选实体识别阶段和竞争程度分析阶段。需要指出的是，无论是一个企业还是其提供的产品和服务，都是现实世界中的实体。因此，本书提出的竞争者识别方法以实体指代企业、产品、服务等对象，将与目标企业和目标产品具有竞争关系的实体称为竞争者。

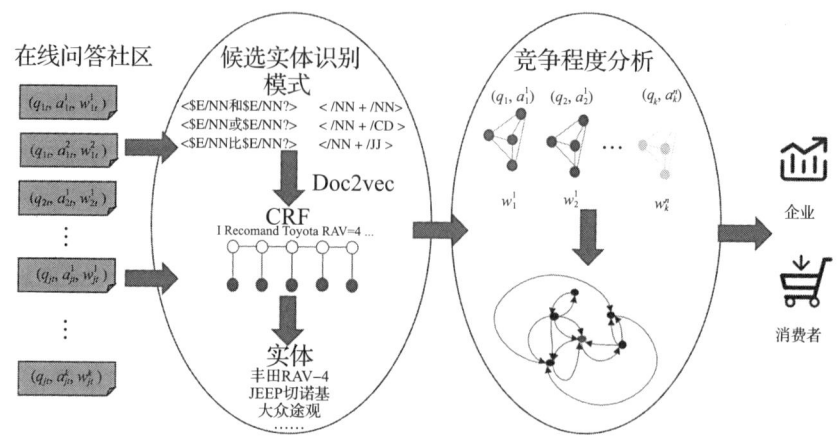

图 3-1 基于用户直接比较的竞争者识别方法框架

ICQA 方法第一阶段的主要目标是识别候选实体集合,即与目标实体可能存在竞争关系的企业、产品或服务。识别步骤为:(1)定义"共现模式"和"实体模式";(2)利用这些模式从在线问答内容中识别一部分候选实体;(3)基于搜索引擎返回语料和 Doc2vec 模型,表征候选实体的语义;(4)通过语义相似度计算,从候选实体集合中剔除噪声;(5)将实体词作为标注对条件随机场 CRF 模型进行训练,用训练得到的 CRF 模型在全部在线问答内容中识别更多的实体,这些实体组成候选实体集。ICQA 方法第二阶段将分析竞争者之间的竞争程度,具体步骤为:(1)基于问答内容的相关性,量化候选实体在每个问答对中的局部联结度;(2)将每个问答对的可信度作为权重,计算实体间的全局联结度;(3)将联结度转换为实体间的比较概率,构建比较网络,全面反映实体间的比较关系;(4)根据实体在比较网络上的比较路径,衡量各候选实体相对于目标实体的比较程度,进而对候选实体进行排序,筛选排名靠前的候选实体得到竞争者集合。接下来 3.2.1 节和 3.2.2 节将分别详细介绍 ICQA 方法的两个阶段。

3.2.1 候选实体识别

ICQA 的候选实体识别阶段有以下两个特性：

（1）更少依赖人工知识，只需人工指定共现模式和实体模式。

（2）更加全面的结果，能够识别在线问答内容中比较性语句和非比较性语句包含的全部实体。

令 T 表示在线问答平台中的问答内容集合，T 中的每个问答对可形式化表示为三元组 (q_i, a_i^k, w_i^k)，其中 q_i 表示第 i 个问题，a_i^k 表示第 i 个问题的第 k 个答案，w_i^k 表示 a_i^k 在平台中收到的赞同数量。为了减少人工标注，首先从 T 中随机抽取部分问答内容，构建训练集 T_i，并同时定义共现模式和实体模式，利用两种模式从训练集 T_i 中识别一部分候选实体。两种模式的定义和示例如下。

共现模式：ICQA 方法借鉴已有基于模式的方法（Bao 等，2008；Li 等，2013），定义三种共现模式从比较性语句中识别候选实体，这三种共现模式如表 3-1 所示。在共现模式中，\$E 表示实体，/NN 表示实体的词性必须是名词或名词词组。例如，在句子"奔驰和本田均拥有出色的四驱越野技术"中，"奔驰"和"本田"被提取为实体，因为它们是名词且被"和"连接。利用表 3-1 中定义的三种共现模式，能够提取包含在比较性语句中的实体，组成实体集合 $E_c = \{e_{c1}, e_{c2}, \cdots, e_{cn}\}$。

表 3-1 共现模式及其示例

共现模式	示例
＜\$E/NN 和 \$E/NN？＞	奔驰和本田拥有出色的四驱越野技术。
＜\$E/NN 或 \$E/NN？＞	如果有 20 万元预算，我推荐购买奔驰或丰田。
＜\$E/NN 比 \$E/NN？＞	丰田比奔驰更值得买吗？

实体模式：在很多情况下，实体也会被用户单独讨论。因此，本方法

借鉴命名实体识别领域的经典方法,根据实体在词性上的特征,定义一系列实体模式,其中的代表模式及示例如表 3-2 所示。在实体模式中,/NN 表示名词,/CD 表示数词,/JJ 表示形容词。实体模式适用于从非比较性语句中提取实体,可以提高候选实体识别结果的全面性。在训练集中符合实体模式的词语被提取出来组成实体集合 $E_e = \{e_{e1}, e_{e2}, \cdots, e_{em}\}$。

表 3-2 实体模式及其示例

实体模式	示例
/NN+/NN	戴尔灵越
/NN+/CD	佳能 800D
/NN+/JJ	别克君威

将基于共现模式和实体模式的实体识别结果合并,构成候选实体集合 $E_p = E_c \cup E_e = \{e_{p1}, e_{p2}, \cdots, e_{pq}\}$。但是,仅依靠模式识别得到的实体集合可能包含噪声,若直接使用 E_p 标注训练集,会影响后续 CRF 模型的实体识别模型的准确性。因此,ICQA 方法还从语义角度进一步分析和筛选 E_p 中的实体。通常来说,如果一个词语是真正的实体而非噪声,其与已知实体在语义方面应有较高的相似性。因此,ICQA 方法从消费者经常购买的实体中挑选若干具有代表性的实体作为基准实体集合 E_t,衡量 E_p 中每个候选实体与基准实体集合 E_t 中实体的语义相似程度,若候选实体与基准实体集合的语义相似性高于平均水平,则保留作为后续有监督识别模型的标注,反之则视为噪声筛除。

一般而言,在搜索引擎中检索实体关键词,返回的是对关键词的详细阐释和描述,这些描述代表了实体关键词的具体含义。因此,对于每个候选实体 $e_{pi} \in E_p$ 和基准实体 $e_{tarz} \in E_t$,ICQA 方法通过抓取其在搜索引擎查询返回结果中的前 100 条,构建实体文档 d_{pi} 和 d_{tarz},描述实体的语义。为了准确衡量候选实体和基准实体之间的语义关系,方法采用 Doc2vec 模型表征实体文档。Doc2vec 模型是一个基于深度学习的语义表示模型，可从海量非结构化文本数据中训练得到词语和文档的高维向量表示（Le 和 Mikolov，2014），进而通过向量之间的余弦距离计算得到文档和词语之间的语义关系，该模型已在信息检索、情感分析、推荐系统等应用领域中有良好表现。ICQA 将全部候选实体文档合并，$D=d_{p1}\bigcup d_{p2}\bigcup \cdots \bigcup d_{pq}$，输入 Doc2vec 模型训练。在训练过程中，选择句向量的分布记忆模型（Distributed Memory Model of Paragraph Vectors，PV-DM）生成每个实体文档的向量表示，并在每轮训练中使用反向传播算法更新向量（Le 和 Mikolov，2014）。

通过 Doc2vec 模型，每个实体文档被表示为 100 维的向量 v_{pi}，该向量能够反映与 e_{pi} 有关的主要话题，并可用于计算语义相似度。给定基准实体集合 $E_t=\{e_{tar1}, e_{tar2}, \cdots, e_{tarz}\}$，其通过 Doc2vec 模型学习得到的实体文档向量表示为 $v_{tar1}, v_{tar2}, \cdots, v_{tarz}$，则候选实体 e_{pi} 与基准实体集合的语义相似度的计算公式为：

$$S(e_{pi})=\frac{\sum_{q=1}^{z}\frac{v_{pi}\times v_{tarq}}{|v_{pi}|\times|v_{tarq}|}}{z} \qquad (3-1)$$

将 E_p 中的候选实体按照语义相似度排序，选取排名前 k 的实体组成有效实体集合 $E_l=\{e_{l1}, e_{l2}, \cdots, e_{lk}\}$，作为 CRF 模型进行实体识别的标注训练集。

CRF 模型是一种针对序列数据的条件概率模型，可充分考虑上下文信息，根据给定的观察序列推测对应的状态序列，广泛应用于各个领域的实体识别任务中（Krishnan 和 Manning，2006）。使用 CRF 模型可识别那些通过简单预定义模式无法提取的实体。令 $o=<o_1, o_2, \cdots, o_n>$ 为长度为 n 的输入序列，S 为一组有限状态，每个状态对应一个标签

$l \in L$。ICQA 方法采用 BMEWO 标注体系对实体词进行标注（Cotterell 和 Duh，2017），B 表示实体的开始部分，M 表示实体的中间部分，E 表示实体的结束部分，W 表示只包含单个词的实体，O 表示不属于任何实体的词。令 $s=<s_1, s_2, \cdots, s_n>$ 为由输入序列 o 中每个单词对应标签组成的状态序列，给定一个输入序列 o，线性链条件随机场将状态序列的条件概率定义为：

$$P(s|o) = \frac{1}{Z_o} \exp\left(\sum_{i=1}^{1} \sum_{j=1}^{m} \lambda_j f_j(s_{i-1}, s_i, o, i) \right) \quad (3-2)$$

其中，Z_o 为所有状态序列的归一化因子，$f_j(s_{i-1}, s_i, o, i)$ 为考虑前序词特征、后序词特征和前后词特征组合的特征函数，λ_j 为训练得到的与特征函数 f_j 相关的权重值。在训练过程中，通过标签序列的极大似然估计设置 λ_j，即

$$LL(D) = \sum_{i=1}^{n} \log(P(l_{(i)}|o_{(i)})) - \sum_{j=1}^{m} \frac{\lambda_j^2}{2\sigma^2} \quad (3-3)$$

在训练得到 CRF 模型参数后，使用改进的 Viterbi 算法（Viterbi，1967）对新的未标记序列进行标签预测。将训练好的 CRF 模型应用于完整的在线问答内容集合 T，能够从 T 中识别得到更全面准确的候选实体集合 $E^{cand} = \{e_1^{cand}, e_2^{cand}, \cdots, e_{ncand}^{cand}\}$。进一步需要考虑的是，在线问答内容中一个实体可能有多种表达方式，因此，ICQA 使用两种归一化方法，将实体的不同表达归并为标准形式。首先，对于由多个词语构成的复合实体，将实体的组成部分归一为实体的全称。通常来说，用户会为了方便而使用较短的实体名称来指代出现在上下文的实体全称，因此，对于每个实体，ICQA 方法搜寻同一问答对中包含该实体的可能实体全称，以实体全称作为标准表达归并实体。例如，如果用户在一个问

答对中提到"宝马X1",则这个问答对中的实体"X1"会被归并为"宝马X1"。如果同一问答对中没有出现包含缩略实体的全称,这种情况下不对实体进行归并处理。其次,ICQA 使用某百科中的锚文本(Anchor Text)来收集同一实体的不同表达方式(Li 和 Weng 等,2012)。在该百科中,同一实体的不同表达形式会指向同一网页,如图 3-2 所示,"宾士""奔驰""梅赛德斯"均指向"梅赛德斯-奔驰",因此被指向的文本("梅赛德斯-奔驰")可以视为标准表达,对指向它的文本("宾士""奔驰""梅赛德斯")进行归一化。

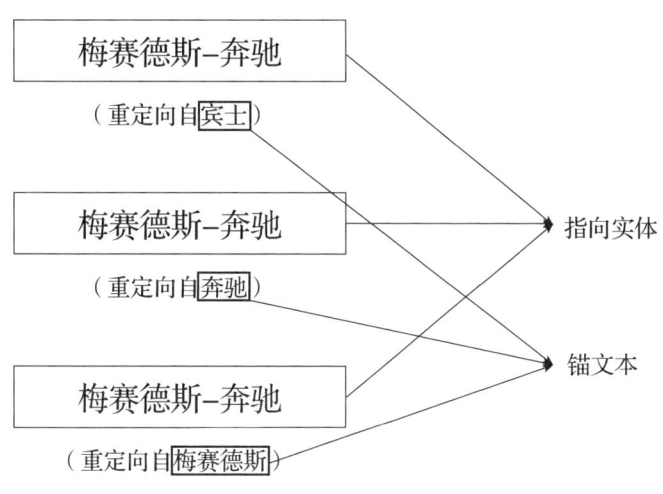

图 3-2 某百科中的锚文本示例

3.2.2 竞争程度分析

ICQA 的第二阶段通过引入网络分析方法衡量实体竞争程度,从候选实体集合 E^{cand} 中选取目标实体的竞争者,并根据竞争程度排序。此阶段提出的竞争程度分析方法具有如下两个特征:

(1) 利用在线问答内容的上下文关联以及社交特性,ICQA 方法分别衡量实体间局部联结度以及全局联结度。

（2）基于比较关系的非对称性和可传递性，ICQA 方法分别衡量实体间的竞争概率以及竞争程度。

认知心理学研究结果表明，人们将概念以节点形式存储在头脑中的关联网络中，概念节点相互连接，连接强度表示概念之间的相关度大小（Quillian，1967）。而传播激活理论（Spreading Activation Theory）表明，人们以传播激活概念链条的形式在关联网络中检索信息，一个概念节点的激活会传播至邻近概念节点，并将其激活。相应地，在用户认知的关联网络中，高度相关的竞争者在网络中间隔更短、距离更近，反映在用户生成内容中即为更高的共同提及频率（John 等，2006）。因此，若两个实体频繁在同一组问答内容中被用户讨论，或者一个在问题中被提及，另一个在回答中出现，则说明两者在性能、用途等方面可能存在重叠，消费者同时考虑两者的次数较多，两个实体间的竞争程度较高。同时，如果两个实体被讨论的时间间隔较短，说明其在消费者脑海中的关系紧密，因此，ICQA 方法将实体 e_i^{cand} 和 e_j^{cand} 在问答对 (q_l, a_l^k, w_l^k) 中的局部联结度定义为：

$$C_{lk}(e_i^{cand}, e_j^{cand}) = \frac{n_{lk}(e_i^{cand}) \times n_{lk}(e_j^{cand})}{\dfrac{\sum\limits_{each\ e_i^{cand} \in (q_l, a_l^k, w_l^k)} \sum\limits_{each\ e_j^{cand} \in (q_l, a_l^k, w_l^k)} d_{lk}(e_i^{cand}, e_j^{cand})}{n_{lk}(e_i^{cnad}) \times n_{lk}(e_j^{cand})}} \quad (3-4)$$

其中，$n_{lk}(e) = n_{q_l}(e) + n_{a_l^k}(e)$ 表示 e 在 (q_l, a_l^k, w_l^k) 中被提及的次数，$d_{lk}(e_i^{cand}, e_j^{cand})$ 表示 e_i^{cand} 和 e_j^{cand} 之间的相对距离。e_i^{cand} 和 e_j^{cand} 被共同讨论的次数越多，两者之间的平均相对距离越小，C_{lk} 越大，e_i^{cand} 和 e_j^{cand} 之间的局部联结度越大。整体而言，实体间相对距离可定义为上

下文中两个实体间的间隔词数量，根据实体在问答内容中被提及的情况，实体间相对距离的衡量方式稍有不同。当 e_i^{cand} 和 e_j^{cand} 在同一问题或同一回答中被提及时，两者之间的相对距离为它们之间的间隔词数量，当 e_i^{cand} 和 e_j^{cand} 被分别在问题和答案中讨论时，由于问题和答案在语义上是高度相关的，因此可将问答文本拼接成一个新的整体，此时 e_i^{cand} 和 e_j^{cand} 间的相对距离为新的拼接文本中两者之间的间隔词数量。这样的拼接处理假设在答案中先出现的实体与问题中的实体更相关，例如，在回答"市场中，丰田 RQV‐4 和哪些车型比较类似？"这一问题时，用户会最先讨论与丰田 RAV‐4 最可比的实体，因此拼接文本中实体间的距离能够反映两者间的关联程度。综上，相对距离 $d_{lk}(e_i^{cand}, e_j^{cand})$ 可定义为：

$$d_{lk}(e_i^{cand}, e_j^{cand}) = \begin{cases} \dfrac{|P_{q_l}(e_i^{cand}) - P_{q_l}(e_j^{cand})|}{|q_l|} & if\ e_i^{cand} \in q_l,\ e_j^{cand} \in q_l \\[2mm] \dfrac{|P_{a_l^k}(e_i^{cand}) - P_{a_l^k}(e_j^{cand})|}{|a_l^k|} & if\ e_i^{cand} \in a_l^k,\ e_j^{cand} \in a_l^k \\[2mm] \dfrac{|q_l| - P_{q_l}(e_i^{cand}) + P_{a_l^k}(e_j^{cand})}{|q_l| + |a_l^k|} & if\ e_i^{cand} \in q_l,\ e_j^{cand} \in a_l^k \end{cases}$$

$$(3-5)$$

在浏览问答内容时，用户会为他们认为有价值、质量高的回答投票。用户是否投票取决于他们认为答案是否恰当解答问题，以及答案内容是否可信。问答对获得的投票数量越多，表明其中包含的竞争信息可信度越高。因此，当两个实体间有多个不同的局部联结度时，可使用答案获得的投票数量作为局部联结度的权重，以衡量各实体间的全局竞争程度。当 e_i^{cand} 和 e_j^{cand} 在同一问题中出现时，局部联结度的权重是所有答案获得的投票数量之和，这意味着一个问题有越多的答案，答案获得越多的投票，则问题中讨论的两个实体间越可比较。令 S_{ij} 表示 e_i^{cand} 和 e_j^{cand} 被共同讨论过的问答内容集合，e_i^{cand} 和 e_j^{cand} 之间的全局联结度定义为：

$$C(e_i^{cand}, e_j^{cand}) = \frac{\sum\limits_{S_{ij}} w_l^k C_{lk}(e_i^{cand}, e_j^{cand})}{\sum\limits_{S_{ij}} w_l^k} \tag{3-6}$$

基于全局联结度，构建实体竞争网络 $G=(E^{net}, V)$，其中 E^{net} 表示竞争网络中的实体节点，每个节点代表候选实体集合 E^{cand} 中的一个候选实体，V 为节点间边的集合。若 e_i^{cand} 和 e_j^{cand} 间的全局联结度不为 0，则表明两者之间存在竞争关系，此时在网络中增加一条从 e_i^{cand} 指向 e_j^{cand} 的边，且边上的竞争概率为 p_{ij}。值得注意的是，实体节点间的竞争关系存在非对称性，即 $p_{ij} \neq p_{ji}$。例如，考虑全局联结度为 5 的两个实体节点 e_i^{cand} 和 e_j^{cand}，其中节点 e_i^{cand} 与相连节点的全局联结度总和为 10，节点 e_j^{cand} 与相连节点的全局联结度总和为 40，则 e_j^{cand} 相对于 e_i^{cand} 的竞争概率为 50%（5/10），而 e_i^{cand} 相对于 e_j^{cand} 的竞争概率为 12.5%（5/40），e_i^{cand} 相对于 e_j^{cand} 的竞争关系要弱于 e_j^{cand} 相对于 e_i^{cand} 的竞争关系。因此，在竞争网络中，节点 e_i^{cand} 相对于节点 e_j^{cand} 的竞争概率定义为：

$$p_{ij} = \frac{C(e_i^{cand}, e_j^{cand})}{\sum\limits_{m \in E} C(m, e_j^{cand})} \tag{3-7}$$

在实体比较网络中，p_{ij} 越大，说明节点 e_i^{cand} 被消费者用来与 e_j^{cand} 比较的可能性越大，因此 p_{ij} 可被视为实体节点间的转移概率。此外，实体比较网络中的竞争关系存在传递性，如果 e_a 与 e_b 存在竞争关系，e_b 与 e_c 存在竞争关系，即使 e_a 和 e_c 在比较网络中没有被直接联结，e_a 和 e_c 之间也可能存在竞争关系。基于这种传递性，网络中两个实体节点

e_i^{cand} 和 e_j^{cand} 建立多条比较路径 $Path_{ij}=\{Pa_{ij}^1,Pa_{ij}^2,\cdots,Pa_{ij}^n\}$。给定路径 $Pa_{ij}^t=i,i_1,i_2,\cdots,i_{k-1},i_k,j$，从 e_i^{cand} 到 e_j^{cand} 经由 $Path_{ij}$ 的竞争概率为：

$$P_{ij}^t=p_{i,i_1}\times p_{i_1,i_2}\times\cdots\times p_{i_{k-1},i_k}\times p_{i_k,j} \qquad(3-8)$$

考虑两个实体节点间所有可能的比较路径，将 e_i^{cand} 相对于 e_j^{cand} 的竞争程度定义为所有竞争路径中竞争概率的最大值，即

$$Comp(e_i^{cand}\rightarrow e_j^{cand})=\max P_{ij}^t:\forall Pa_{ij}^t\in Path_{ij} \qquad(3-9)$$

对于给定的目标实体 e_f，将 G 中所有实体节点对于 e_f 的竞争程度进行排序，并选取排名靠前的实体构成竞争者集合 $E^{comp}=\{e_1^{comp},e_2^{comp},\cdots,e_{ncomp}^{comp}\}$。

3.3　方法示例

为便于读者更好地理解 ICQA 方法，这一节将通过一个具体例子详细说明 ICQA 方法识别可比较实体的过程。使用一款汽车产品"丰田 RAV-4"作为目标实体，利用 ICQA 方法识别用户视角下的"丰田 RAV-4"的可比较实体，示例中使用的在线问答内容数据采集于在线问答平台知乎。①

从在线问答平台中收集问答内容，提取 20% 的问答对作为候选实体识别模型的训练集。通过预先设定的模式从训练集中识别实体，作为候选实体识别的训练集标注。对训练集中的问答内容文本进行分词和词性

---

① https://www.zhihu.com.

标注。例如，句子"斯巴鲁和本田哪个性价比比较高？"的分词和词性标注结果为"斯巴鲁/n，和/c，丰田/n，哪个/r，性价比/n，比较/d，高/a"，其中"n""c""r""d""a"分别表示名词、连词、代词、副词和形容词。根据在线问答内容的词性标注结果和词语内容，将符合表3-1和表3-2中定义的共现模式和实体模式的词语提取为候选实体。在此例中，"斯巴鲁"和"丰田"分别被识别为候选实体，因为它们在句子中的结构符合共现模式＜\$E/NN和\$E/NN＞。

对于识别出的候选实体，将每个候选实体作为关键词在搜索引擎百度中进行搜索，收集搜索引擎返回的前100个结果作为该实体的文档，为实体提供详细的解释和描述。基于实体文档训练Doc2vec模型，获取每个候选实体的语义向量表示。Doc2vec模型假设一个词语的上下文可预测该词的出现。如图3-3所示，利用句子中前四个词和第七个词（"斯巴鲁""和""丰田""哪个""高"）表示向量，可预测句子中的第五个词"性价比"。同时，给定从段落中采样的上下文，生成的文档向量也有助于预测文档中出现的词语。因此，在Doc2vec模型中，每个实体文档被映射为一个语义向量，并与词语向量拼接共同预测上下文中词语的出现。这样的文档向量能够记忆整个文档的话题并表示文档的整体语义。与其他基于神经网络的模型类似，在模型训练过程中，Doc2vec使用反向传播算法不断更新模型中词语向量和文档向量以实现最小化预测误差（Rumelhart等，1988）。以"丰田RAV-4"为例，"丰田RAV-4"的实体文档在Doc2vec模型中生成的语义向量表示为$v_{丰田RAV-4}=(0.2381，-0.511，\cdots，-0.0458)$，该向量能够充分表示"丰田RAV-4"实体文档中包含的话题和语义，代表"丰田RAV-4"的真实含义。同时，向量之间的距离能够准确、有效地反映实体间的语义关系。例如，在训练结果中，"强大"和"健壮"向量之间的余弦距离很近，而"强大"

和"奔驰"向量之间的距离很远。

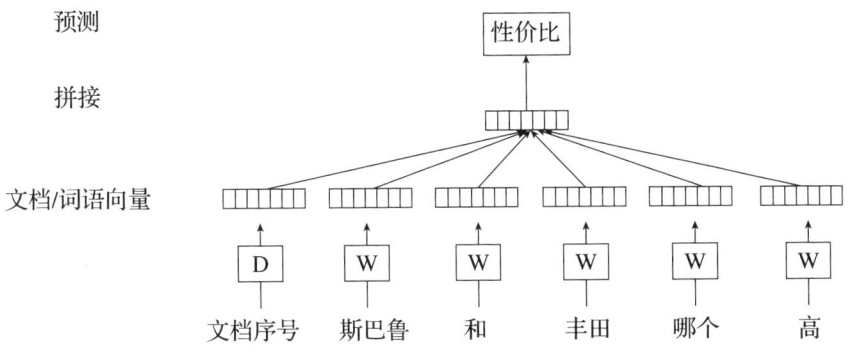

图 3-3 Doc2vec 模型生成实体文档向量示例

如果一个候选实体是真正的实体而非噪声,其在语义上应与基准实体高度相似。基于 Doc2vec 生成的实体向量间的余弦距离可以作为语义相似度的衡量指标,用于筛选候选实体集合中的噪声。例如,"丰田 RAV-4"和基准实体"昂科威"间的语义相似度为:

$$Simiarity(丰田\ RAV\text{-}4,昂科威) = \frac{v_{丰田RAV\text{-}4} \times v_{昂科威}}{|v_{丰田RAV\text{-}4}| \times |v_{昂科威}|}$$
$$= 0.857\ 1 \quad (3\text{-}10)$$

类似地,"丰田 RAV-4"与其他的基准实体"保时捷 911""奥迪 A6""别克 GL6"间的语义相似度分别为 0.819 9、0.731 6 和 0.778 8。基于式(3-1),"丰田 RAV-4"的相似度得分为:

$$S(丰田\ RAV\text{-}4) = \frac{0.857\ 1 + 0.819\ 9 + 0.731\ 6 + 0.778\ 8}{4}$$
$$= 0.796\ 9 \quad (3\text{-}11)$$

相比之下,"马克莱文森"与基准实体的语义相似度得分只有 0.502 4,因为它是一个汽车音响品牌而非汽车实体。在将基于模式识别的候选实体按照语义相似度降序排序，排名前 1 000 的实体被认定为有效的实体，而"马克莱文森"因为语义相似度过低、排名靠后被识别为噪声。

将基于模式识别的有效实体作为标注，在候选实体训练集上训练 CRF 模型，并将训练好的模型应用于所有在线问答内容中，识别出更加全面的候选实体集合。CRF 模型中使用的特征函数主要考虑每个词的上下文词语、当前词的 N-gram 及它们的词性。例如，特征函数 f1＝if（prev output＝"是"and output＝B）表示如果前一个词是"是"且当前预测标签为"B"（实体的开始词），则该特征函数的取值为 1，否则取值为 0。类似地，对于特征函数 f2＝if（prev output ＝ B and output ＝ E and feature＝"/NN"），表示该特征函数在前一个词的预测标签为"B"、当前词的预测标签为"E"且当前词为名词时，取值为 1。CRF 模型的训练过程寻求最优的 λ_i 以使式（3-2）的似然函数式（3-3）取值最大。利用 CRF 从在线问答内容中全面识别候选实体后，利用某百科中的锚文本进行实体归并，将同一实体的不同表达形式合并，避免实体冗余。

接下来，ICQA 方法会衡量候选实体在每个问答对中的联结度。例如，在一个问答对中，"丰田 RAV-4"和"WEY VV5"分别被提及 3 次和 2 次。在该问答对的一个句子中，用户这样讨论两个实体："我曾经试驾过丰田 RAV-4 和 WEY VV5。"基于式（3-5），"丰田 RAV-4"和"WEY VV5"在这句话中的相对距离为 $\frac{1}{270}$，因为两个实体间有 1 个词语且整个答案的长度为 270。同样，在该问答对中剩下的 5 对实体间的相对距离分别为 $\frac{25}{270}$、$\frac{6}{270}$、$\frac{18}{270}$ 和 $\frac{12}{270}$。基于式（3-4），"丰田 RAV-4"和"WEY VV5"在该问答对中的局部联结度为：

$$C_{11}(丰田\text{ RAV}-4,\text{WEY VV5})$$

$$=\frac{n_{11}(丰田\text{ RAV}-4)\times n_{11}(\text{WEY VV5})}{\dfrac{\sum\limits_{each\ 丰田\text{RAV-4}\in(q_1,a_1^1,w_1^1)}\sum\limits_{each\ \text{WEY VV5}\in(q_1,a_1^1,w_1^1)d_{11}}(丰田\text{ RAV}-4,\text{WEY VV5})}{n_{11}(丰田\text{ RAV}-4)\times n_{11}(\text{WEY VV5})}}$$

$$=\frac{3\times 2}{\dfrac{\dfrac{1}{270}+\dfrac{25}{270}+\dfrac{6}{270}+\dfrac{18}{270}+\dfrac{50}{270}+\dfrac{12}{270}}{3\times 2}}=86.79 \qquad (3-12)$$

基于候选实体对间的局部联结度，进一步衡量候选实体间的全局联结度，即可得到在线问答平台整体反映的实体间的竞争关系。在本例中，包含"丰田 RAV-4"和"WEY VV5"的在线问答对收到了 74 票，结合其他同时讨论过"丰田 RAV-4"和"WEY VV5"问答对获得的投票数，以及两个实体在这些问答对中的局部联结度，"丰田 RAV-4"和"WEY VV5"之间的全局联结度为：

$$C(丰田\text{ RAV}-4,\text{WEY VV5})$$

$$=\frac{\sum\limits_{S_{丰田\text{RAV-4,WEY VV5}}}w_l^k C_{lk}(丰田\text{ RAV}-4,\text{WEY VV5})}{\sum\limits_{S_{丰田\text{RAV-4,WEY VV5}}}w_l^k}$$

$$=\frac{86.79\times 74+42.13\times 203+\cdots}{74+203+\cdots}=30.13 \qquad (3-13)$$

基于候选实体的全局联结度，构建竞争网络将全部候选实体的竞争关系融入同一张网络。在竞争网络中，一个节点代表一个实体，节点间的边代表每对实体间的竞争概率。"丰田 RAV-4"与所有候选实体全局联结度之和为 50.50。因此，"WEY VV5"相对于"丰田 RAV-4"的竞争概率为：

$$P(\text{WEY VV5} \to \text{丰田 RAV-4}) = \frac{C(\text{丰田 RAV-4}, \text{WEY VV5})}{\sum_{m \in E^{cand}} C(m, \text{丰田 RAV-4})}$$

$$= \frac{30.13}{50.50} = 0.5966 \quad (3-14)$$

类似地，可计算每个实体对在不同方向上的竞争概率，在此基础上构建实体竞争网络。竞争网络中的三个节点如图 3-4 所示。

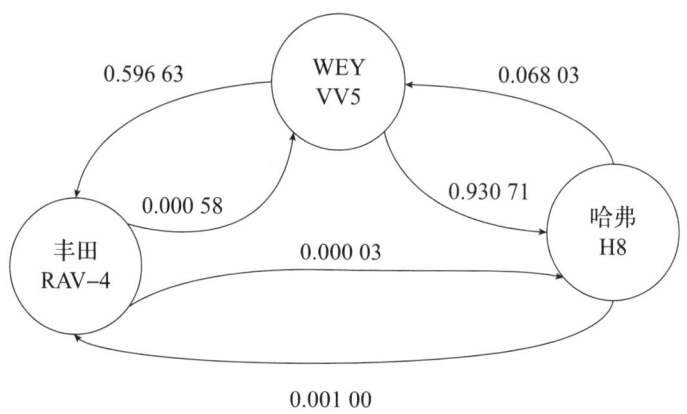

图 3-4 实体竞争网络示例

通过实体在竞争网络上的竞争概率以及竞争路径，衡量每个候选实体与目标实体间的竞争程度，竞争程度高的实体即可识别为竞争者。在图 3-4 的实体竞争网络中，从"哈弗 H8"到"丰田 RAV-4"有两条竞争路径，一条路径是竞争概率为 0.001 的直接路径，另一条是经由"WEY VV5"传递的竞争路径，即"哈弗 H8"→"WEY VV5"→"丰田 RAV-4"，该路径的竞争概率为 0.5966×0.0680＝0.0406。在该竞争网络中，"哈弗 H8"相对于"丰田 RAV-4"的竞争程度为两条路径中比较概率的最大值 0.0406。将全部候选实体按照相对"丰田 RAV-4"的竞争程度降序排列，排名前 20 的实体被选取为竞争者。"丰田 RAV-4"的部分竞争者识别结果如图 3-5 所示，图中显示的每个产品的外观及价格信息为2021年1月28日于新浪汽车①提取,该网站是国内主流的汽车信息平台,能够收集并提供汽车图片、汽车配置以及不同汽车零售商的报价。

图3-5　ICQA竞争者识别结果示例

从图中可以看出,ICQA识别出的竞争者均为价格区间与"丰田RAV-4"在同一水平的紧凑型SUV,消费者购车时经常将"丰田RAV-4"与这些竞争者同时考虑并比较。以"WEY VV5"和"丰田RAV-4"为例,"丰田RAV-4"是合资品牌SUV,"WEY VV5"是价格稍低的国产品牌SUV,在线问答平台中,大量消费者询问"WEY VV5"是否比"丰田RAV-4"更值得购买以节约成本。而对"WEY VV5"而言,"哈弗H6""领克01"等国产品牌SUV的竞争程度比"丰田RAV-4"更大,并在国产汽车相关的问题中经常被消费者拿来与"WEY VV5"共同讨论。因此,在基于在线问答内容构建的实体竞争网络中,"WEY VV5"相对于"丰田RAV-4"的竞争程度比"丰田RAV-4"相对于"WEY VV5"的竞争程度高,这与汽车市场中的实际情况一致。

---

① http://auto.sina.com.cn.

3.4 算法与效率分析

为便于读者实现 ICQA 方法，本节将给出 ICQA 的算法细节，讨论算法的计算复杂度，比较在不同数据量下 ICQA 的计算时间和计算效率。ICQA 主要由候选实体生成和竞争程度分析两个阶段构成，算法细节如算法 1 所示。

算法 1：ICQA 算法

输入：在线问答内容集合，T；模式集合，$P = P_c \cup P_e$；基准实体集合，$E_t = e_{tar1}, e_{tar2}, \cdots, etarn$；目标实体，$ef$；竞争者数量，$ncomp$。

输出：可比较实体集合，$E^{comp} = \{e^{comp}, e^{comp}, \cdots, e^{comp}\}$。

开始：
/ * 初始化 * /
1. $E^{cand} = \Phi$；$D_{corp} = \Phi$；$G = O(N \times N)$；
/ * 候选实体识别 * /
2. $T_t = RandomSelect(T)$
3. **for** $(q_i, a_i^k, w_i^k) \in T_t$ **do**
4.   **if** $IsMatchPattern(P, q_i, a_i^k)$ **then**
5. $Ep \leftarrow Ep + ExtractEntity(q_i, a_i^k)$
6.   **end if**
7. **end for**
8. **for** $e^i \in E_p \cup E_t$ **do**
9. $d_i = ExtractSearchResults(e_i)$
10. $D_{corp} \leftarrow D_{corp} + d_i$
11. **end for**
12. $M_{doc} \leftarrow TrainDoc2vec(D_{corp})$
13. **for** $e_{tari} \in E_t$ **do**
14. $V_{tar}(e_{tari}) = Rrepresentation(e_{tari}, M_{doc})$
15. **end for**
16. **for** $e^i p \in E_p$ **do**
17. $v_{e_p^i} = Representation(e_p^i, M_{doc})$
18. $sim(e_p^i) = Similarity(v_{e_p^i}, V_{tar})$
19. **end for**
20. $E_a = Rank(sim, k)$

21. $M_{entity} = TrainCRF(T_t, E_a)$
22. $E^{cand} = MineEntity(T, M_{entity})$

/ * 竞争程度分析 * /
23. **for** $(q_i, a_i^k, w_i^k) \in T$ **do**
24.   **for** $e_i^{cand} \in E^{cand}$ **do**
25. $OE \leftarrow OE + Occur(e_i^{cand}, q_i, a_i^k)$
26.   **end for**
27.   **for** $e_p^{cand}, e_q^{cand} \in OE$ **do**
28. $C_{ik}(e_p^{cand}, e_q^{cand}) = LocalComparison(e_p^{cand}, e_q^{cand}, q_i, a_i^k)$
29. $G'(e_p^{cand}, e_q^{cand}) = G'(e_p^{cand}, e_q v) + w_i^k * C_{ik}(e_i^{cand}, e_i^{cand})$
30. $W(e_p^{cand}, e_q^{cand}) = W(e_p^{cand}, e_q^{cand}) + w_i^k$
31.   **end for**
32. $OE = \Phi$
33. **end for**
34. **for** $e_i^{cand}, e_j^{cand} \in E^{cand}$ **do**
35. $G(e_i^{cand}, e_j^{cand}) = G'(e_i^{cand}, e_j^{cand}) / W(e_i^{cand}, e_j^{cand})$
36. $P_{ij} = Comparability(G(e_i^{cand}, e_j^{cand}), G(*, e_j^{cand}))$
37. **end for**
38. **while** $E^{cand} \neq \Phi$ **do**
39. $S \leftarrow S + u$; $E \leftarrow E - u$
40.   **for** $w \in E^{cand}$ **do**
41.   **if** $dist(u) * P_{uw} > dist(w)$ **then**
42. $dist(w) = dist(u) * P_{uw}$
43.   **end if**
44.   **end for**
45. $u = FindMaxProbability(E^{cand}, dist)$
46. **end while**
47. $E^{comp} = Rank(dist, ncomp)$
48. **OutPut** $= E^{comp}$

在候选实体生成阶段，首先根据定义好的模式，识别候选实体（算法第3～7行）。假设训练集中共有 n_t 组问答对，从训练集中提取实体的计算复杂度为 $O(n_t)$。基于实体文档训练的 Doc2vec 模型对候选实体进行筛选（算法第8～11行），假设共有 n_c 个候选实体，使用每个候选实体前 l 个搜索引擎结果的计算复杂度为 $O(n_c \times l)$，训练 Doc2vec 模型的时间为 $O(doc2vec)$，据 Doc2vec 模型的设计者对模型的复杂度分析

(Le 和 Mikolov，2014），模型的训练复杂度大于 $O(n_d \times W + n_d \times \log_2 V + n_d)$，其中 n_d 表示文档向量的维度，W 为训练窗口的宽度，V 表示 Doc2vec 训练集中包含的词汇总数。基于 Doc2vec 模型生成的实体向量表示，计算候选实体和基准实体间的语义相似度并选取前 k 个实体作为 CRF 模型的训练标注（算法第 13～20 行），此过程的计算复杂度为 $O(n_c)$。利用标注好的训练集训练 CRF 模型，训练过程的时间复杂度为 $O(t \times p^2)$（算法第 21 行），其中 t 表示训练集中句子的数量，p 表示训练集中实体标注的数量。将训练好的 CRF 模型应用在全部在线问答内容集合 T 中，识别出 n_e 个候选实体（算法第 22 行）。综上，ICQA 第一阶段进行候选实体识别的计算复杂度为 $O(n_t + n_c \times (l+1) + doc2vec + t \times p^2)$。

在竞争程度分析阶段，首先构建共现实体集合 OE，该集合记录在问答内容中出现的实体及其位置（算法第 23～26 行），基于共现实体集合，计算实体间的局部联结度以及全局联结度（算法第 27～33 行），该过程的计算复杂度为 $O(n_t \times n_e)$。之后构建实体竞争网络（算法第 34～37 行），计算复杂度为 $O(n_e^2)$。为了减少计算时间，ICQA 设计了类似于经典 Dijkstra 算法的贪婪算法，计算每个候选实体与目标实体间的竞争程度（算法第 38～46 行），计算过程的时间复杂度为 $O(n_e^2)$。

综合两个阶段，ICQA 总体计算复杂度为 $O(n_t \times (1+n_e) + n_c \times (l+1) + doc2vec + t \times p^2 + 2n_e^2)$。当 Doc2vec 训练集规模很大时，$n_c$、$n_e$、$W$、$p^2$ 和 n_e^2 均远远小于 V，这些变量主要影响 Doc2vec 模型的训练时间。因此，当处理大规模在线问答内容时，Doc2vec 模型的训练集大小是影响 ICQA 计算效率的主要因素。

此外，研究还通过计算实验验证了 ICQA 和现有竞争者识别方法在不同问题规模下的计算效率。以 2 000 作为步长，实验分别从在线问答内容集合中随机选取 2 000 对到 12 000 对问答内容作为计算效率的测试数据，在不同规模的测试数据上分别实现 ICQA 方法和基准方法，记录各方法的计算完成时间，对于基准方法的选取以及实现过程将在 3.5.3 节具体介绍。所有的计算实验均在拥有 4 个 Intel Xeon Platinum 8000 处理器（3.1GHz）和 16G 内存的亚马逊云服务器上完成，各方法在不同问题规模下的计算时间如图 3-6 所示。

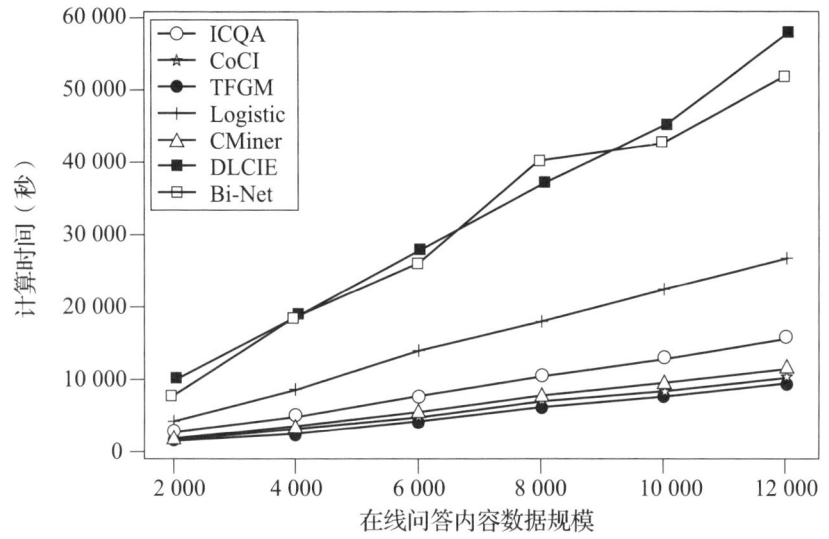

图 3-6　不同数据规模下各方法的计算时间

实验表明，ICQA 的计算效率低于 CoCI、TFGM 以及 CMiner，因为这三种基准方法仅需要在问答内容中进行少量的迭代。如上文对 ICQA 的讨论，ICQA 的计算时间主要集中于 Doc2vec 模型的训练，当在线问答内容数据量增多时，更多候选实体被提取，用于训练 Doc2vec 模型的训练集相应增大，Doc2vec 训练过程中的批量（Batch）会变大。因此，随着在线问答内容数量的增加，ICQA 的计算时间以近似于线性的趋势增加。与 ICQA 相比，DLCIE 和 Bi-Net 需要消耗更多的计算时间，主要因为这两个基于深度学习的模型需要花费大量的时间进行参数更新，随着数据集中在线问答内容的增多，DLCIE 和 Bi-Net 的训练批量也会变大，因此这两类方法的计算时间同样呈线性增长。Logistic 方法的计算时间主要消耗在构建网内相似度、网外相似度以及文本相似度等分类任务上，其计算过程需要反复迭代，因此计算效率低于 ICQA 方法。

3.5 数据实验

本节旨在通过一系列数据实验验证 ICQA 方法的有效性，从以下三个实验问题反映 ICQA 的竞争者识别效果：

- 问题 1：ICQA 中使用的参数和属性如何影响竞争者识别效果？如何选择方法的参数？
- 问题 2：与现有竞争者识别方法相比，ICQA 在竞争者识别结果的准确性和全面性上表现如何？
- 问题 3：与现有竞争程度分析方法相比，ICQA 衡量实体间竞争程度并对竞争者进行排序的表现如何？

问题 1 主要验证不同参数和特征设置对于 ICQA 识别竞争者有效性的影响，并确定在后续横向比较实验中的参数设定。问题 2 和问题 3 的目的是通过与现有竞争者识别方法的比较，验证 ICQA 方法的有效性。问题 2 旨在验证 ICQA 方法识别出的竞争者是否准确并全面覆盖决策者可能关心的竞争者。问题 3 验证 ICQA 能否准确衡量竞争者间的竞争程度并提供一个准确的竞争者排序结果。3.5.1 节介绍实验中使用的在线问答数据，问题 1、问题 2、问题 3 的实验过程以及实验结果将分别在 3.5.2 节、3.5.3 节和 3.5.4 节中介绍。

3.5.1 数据描述

本节使用知乎平台上的问答内容作为数据来源,比较 ICQA 方法和基准方法的效果。知乎是中国最大的在线问答平台,截至 2020 年 12 月,知乎上的总问题数超过 4 400 万条,总回答数超过 2.4 亿条。汽车领域产品迭代更新快,竞争者丰富,汽车话题在知乎中的讨论热度较高,因此本节选择汽车行业数据作为实验数据。实验选取知乎平台上 75 个与汽车品牌和汽车选购相关的讨论话题,并收集每个话题中讨论热度最高的 1 000 个问答对作为实验数据集,在实验最终使用的数据集中,共包括 12 144 个问答对,平均每个问答对包含 29.2 个句子、3.54 个比较性句子以及 6.22 个实体。在数据集上实现 ICQA 方法,首先,从数据集中随机抽取 20% 的问答对作为候选实体识别的训练集,在其中通过预设的共现模式和实体模式,识别部分汽车实体作为标注,用以训练 CRF 实体识别模型,将训练好的 CRF 模型应用到整体实验数据集中,识别全部汽车实体作为候选实体。之后,根据实体间的局部联结度和全局联结度构建汽车实体竞争网络,用以实现竞争者的识别和排序。

为了全面地衡量 ICQA 识别竞争者的表现,实验选取消费者经常购买并在知乎上讨论次数最多的 30 个汽车实体作为目标实体,分别利用 ICQA 方法和基准方法识别每个目标实体的竞争者,选取的目标实体如表 3-3 所示。

表 3-3 基于用户直接比较的竞争者识别方法实验的目标实体

序号	目标实体	序号	目标实体	序号	目标实体
1	福特 Mustang	5	凯迪拉克 CT6	9	奥迪 A8
2	奥迪 Q5	6	奥迪 A6	10	奥迪 A5
3	别克 GL8	7	奥迪 A4	11	沃尔沃 XC60
4	领克 01	8	大众 CC	12	雷克萨斯 GS

续表

序号	目标实体	序号	目标实体	序号	目标实体
13	凯迪拉克 ATS	19	丰田 RAV-4	25	宝马 M3
14	奥迪 A3	20	宝马 X3	26	保时捷帕梅拉
15	沃尔沃 S90	21	雷克萨斯 LS	27	奥迪 TT
16	哈弗 H6	22	沃尔沃 XC90	28	奥迪 Q7
17	蔚来 ES8	23	雷克萨斯 RX	29	高尔夫 GTI
18	宝马 X1	24	斯巴鲁 BRZ	30	保时捷卡宴

3.5.2 参数实验

本节将验证并讨论 ICQA 方法中参数设置对竞争者识别有效性的影响。为了讨论某个特定参数的影响，实验将在其他参数和属性固定不变的情况下观察结果如何跟随参数改变而变化。参数实验中测度查准率、查全率和 F_1 值的具体介绍见后文。

首先，实验验证了基准实体数量对 CRF 训练集标注的影响。实验将基准实体规模分别设定为 2、4、6、8、10，并从候选实体集合外随机选取汽车实体作为基准实体。对于每个基准实体规模，实验随机生成 30 组基准实体集合，分别计算其与候选实体的语义相似度得分，对候选实体进行排序。本实验环节通过计算排名前 1 000 的候选实体的查准率，衡量方法的有效性。表 3-4 展示了不同规模以及不同基准实体集合下候选实体排序的查准率，30 次实验查准率的均值和方差如表 3-5 所示。

表 3-4 不同基准实体规模下的候选实体排序查准率结果

实验序号	基准实体规模				
	2	4	6	8	10
1	0.887 9	0.893 1	0.926 1	0.928 3	0.902 1
2	0.894 1	0.907 4	0.927 6	0.928 1	0.927 5

续表

实验序号	基准实体规模				
	2	4	6	8	10
3	0.9159	0.9091	0.8992	0.9033	0.8976
4	0.8944	0.8638	0.9032	0.8933	0.9353
5	0.8898	0.9329	0.9066	0.9020	0.8908
6	0.9438	0.8911	0.8811	0.8960	0.8888
7	0.9281	0.8702	0.9315	0.9065	0.8982
8	0.9218	0.9261	0.9492	0.8893	0.8993
9	0.8918	0.8991	0.9307	0.9072	0.9370
10	0.9046	0.8957	0.9453	0.8990	0.9223
11	0.9205	0.9143	0.9229	0.9010	0.9075
12	0.9031	0.8640	0.9011	0.9182	0.9085
13	0.8596	0.9041	0.8875	0.9035	0.9027
14	0.9120	0.8828	0.8927	0.9282	0.8960
15	0.8833	0.8914	0.9271	0.9096	0.8966
16	0.9359	0.8919	0.8917	0.9183	0.9018
17	0.8686	0.9229	0.8918	0.9090	0.8968
18	0.9375	0.8915	0.8792	0.9069	0.9037
19	0.8736	0.8977	0.9091	0.9011	0.9044
20	0.8828	0.9003	0.9268	0.9285	0.8965
21	0.9028	0.9207	0.9173	0.9054	0.8993
22	0.8866	0.8862	0.9213	0.9015	0.9271
23	0.8883	0.8885	0.9034	0.9258	0.9207
24	0.9225	0.9042	0.9204	0.8994	0.8972
25	0.9306	0.9190	0.8984	0.9014	0.9106
26	0.9294	0.8972	0.9300	0.9046	0.8804
27	0.9270	0.8841	0.9264	0.8828	0.9028
28	0.8869	0.8852	0.8896	0.9046	0.9311
29	0.8958	0.8986	0.8728	0.8971	0.9071
30	0.9359	0.8830	0.9106	0.9029	0.9132

表 3-5 不同基准实体规模下的候选实体排序查准率均值和方差

	基准实体规模				
	2	4	6	8	10
均值	0.905 2	0.897 2	0.910 7	0.906 8	0.906 8
方差	0.022 8	0.017 1	0.019 8	0.011 8	0.014 2

如表 3-5 所示，不同基准实体规模间的查准率结果的均值差异不大，同一规模下查准率的方差很小，说明基准实体集合规模和其中包含的实体对结果的影响较小。对查准率结果进行独立样本 T 检验，结果表明在 99% 的置信区间下，不同基准实体规模下的结果无差异。这说明随着基准实体规模的变化，利用基准实体对候选实体进行筛选的效果保持稳定。

实验还检验了从基于模式识别的候选实体集合内、外分别选取基准实体，对生成的 CRF 训练集标注效果是否产生不同影响。将基准实体集合规模固定为 4，实验进一步从基于模式识别的候选实体集合内随机选取 30 组基准实体集合。与基准实体集合规模的实验类似，此部分实验将选取的基准实体分别用于计算候选实体的语义相似度并对候选实体排序。30 次实验的查准率结果如表 3-6 所示。

表 3-6 从基于模式识别的实体集合内选取基准实体进行候选排序的查准率

实验序号	查准率	实验序号	查准率	实验序号	查准率
1	0.915 3	11	0.922 7	21	0.890 4
2	0.889 1	12	0.910 9	22	0.900 8
3	0.890 7	13	0.915 9	23	0.889 7
4	0.910 1	14	0.908 3	24	0.902 1
5	0.915 3	15	0.910 0	25	0.916 8
6	0.897 7	16	0.916 0	26	0.910 7
7	0.916 7	17	0.914 1	27	0.884 5
8	0.873 8	18	0.917 8	28	0.914 1
9	0.871 2	19	0.858 2	29	0.906 8
10	0.910 3	20	0.916 3	30	0.902 2

将表 3-6 中的查准率结果与表 3-4 中的查准率结果进行比较,可发现两者无较大差异。从候选实体集合中选取基准实体得到的 30 个查准率结果均值为 0.903 3,方差为 0.015 9,该结果与表 3-5 中的查准率均值和方差也无较大差异。将从基于模式识别的实体集合内选取基准实体的结果与从候选实体集合外选取基准实体集合的结果进行独立样本配对 t 检验,结果显示在 99% 的置信度区间,两者在查准率结果上无差异,说明是否从基于模式识别的候选实体集合中选取基准实体集合对候选实体排序的准确性并无影响。

综合上述两个实验结果,可知基准实体的数量和基准实体集合的来源不会影响后续生成的 CRF 训练集标注的准确性。用户在实现 ICQA 方法时,可以选择领域内耳熟能详的实体组成基准实体集合,也可以直接从基于模式识别出的实体集合中选择若干组成基准实体集合。在本节接下来的参数实验以及后续对竞争者识别结果以及竞争者排序结果的验证中,将基准实体集合规模设置为 4,并选取"别克昂科威""保时捷911""奥迪 A6""别克 GL6"作为基准实体。

参数实验的第二部分检验了实体文档中包含的搜索引擎结果数量对生成的 CRF 训练集标注的影响。对于每个候选实体和基准实体,实验分别选取其在搜索引擎中前 25、前 50、前 75、前 100、前 125 和前 150 个搜索结果作为实体文档,在不同实体文档规模下,将所有实体文档合并构成训练集,并分别训练 Doc2vec 模型,基于模型生成的实体向量表示,计算每个候选实体的语义相似度得分,并进行排序。实验中同样使用候选实体排名前 1 000 的实体查准率衡量不同候选实体文档规模生成的 CRF 训练集标注的效果,结果如图 3-7 所示。

图 3-7 中的实验结果表明,查准率在实体文档规模为 100 处出现了拐点,说明在本实验的设置下 100 是合适的实体文档规模。实体文档中

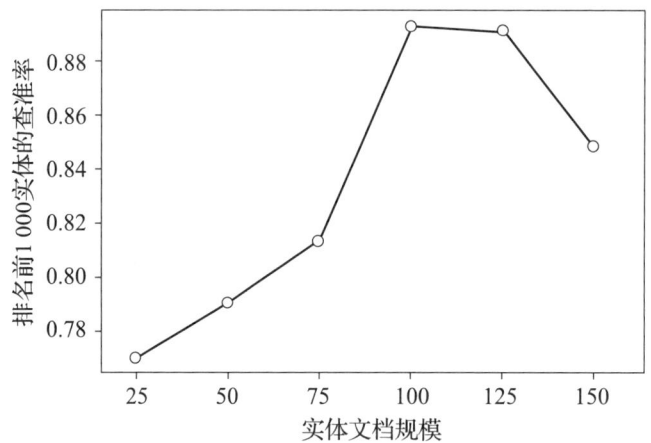

图 3-7 不同实体文档规模下的候选实体识别查准率结果

的搜索结果数从 25 增加到 100 的过程中,随着更多的网页结果被包含在实体文档内,实体文档对于实体的描述更加丰富和完整,相应地,基于实体文档训练的 Doc2vec 模型对各候选实体的语义表示也更准确,对候选实体从语义角度进行筛选的准确率也变得更高。但是,在搜索引擎结果中,随着网页排名越来越靠后,网页内容质量及其与实体的相关度越来越低。当实体文档中的搜索引擎结果数量超过 100 后,在文档中继续加入排名靠后的搜索引擎结果会引入噪声信息,降低实体语义向量表示的准确性,进而降低候选实体文档筛选的有效性。因此,在实体文档中的搜索结果数从 25 增加到 150 的过程中,候选实体查准率呈现先上升再下降的变化趋势。

此外,参数实验还检验了 CRF 模型训练集中的实体标注数量,即对基于模式识别的候选实体按照语义进行排序后,选取不同数量的实体作为训练集标注,对所训练的 CRF 模型有效性的影响。在此部分实验中,分别选取在语义排序中前 600、前 800、前 1 000、前 1 200 和前 1 400 的候选实体作为 CRF 模型训练集的标注,并分别训练 CRF 模型。

为了衡量不同 CRF 模型进行实体识别的有效性，实验选取知乎在线问答平台上与汽车行业相关的 75 个话题内讨论热度最高的问答内容构成候选实体识别的测试集。在信息提取领域研究中，TREC 标注框架常被应用于获取实验数据标注（Voorhees 和 Harman，2005）。遵循 TREC 标注框架，本实验邀请三名管理信息系统专业的博士生对测试集中包含的汽车实体进行标注，三位标注者均表示对汽车行业实体十分熟悉。将人工给出的实体标注作为基准数据后，使用不同 CRF 模型在测试集上识别候选实体，计算得到 CRF 模型识别实体的查准率、查全率以及 F_1 值。不同标注数量下训练的 CRF 模型在测试集上识别实体的 F_1 值的结果如图 3-8 所示。

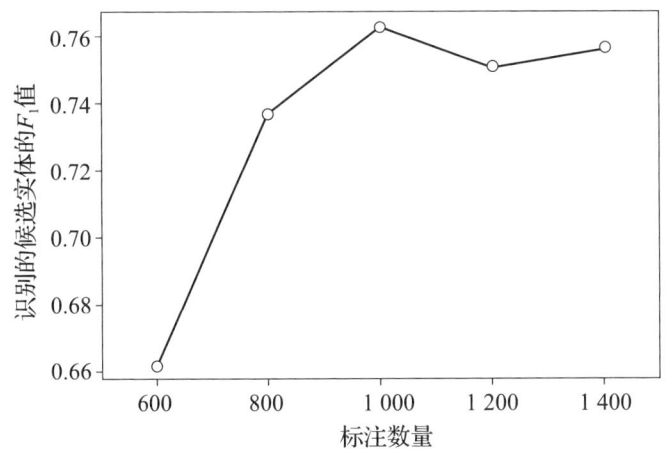

图 3-8　不同标注数量下候选实体识别的有效性

实验结果表明，CRF 模型识别实体的 F_1 值在标注数量为 1 000 时最大，因为有效实体与基准实体间的语义相似度一般较大，并在候选实体排名中靠前，大部分排在 1 000 名之后的实体均为噪声，将这些排名靠后的实体用作 CRF 模型的训练标注会影响模型的准确性。F_1 值的实验结果说明，实验选取候选实体排序中前 1 000 个实体作为 CRF 模型训练集的标注最为合适。

同时，参数实验还检验了 CRF 模型中不同特征函数的有效性。在实体识别中常用有效的文本特征函数通常有三类：当前词、前序词和后续词的内容（用"Word"指代），当前词的 N-gram 构成（用"N-gram"指代），当前词及其周围词的词性（用"POS"指代）（Krishnan 和 Manning，2006）。因此，此部分实验分别单独使用这三类特征以及它们的组合训练不同的 CRF 模型，以验证不同特征函数在 CRF 模型中的效果。近几年出现了 Bi-LSTM CRF（Huang 等，2015）等基于深度学习的 CRF 模型，可作为基于学习的方法，因此，参数实验还训练了 Bi-LSTM CRF 模型，比较其与传统 CRF 模型的效果差异。Bi-LSTM CRF 模型使用与普通 CRF 模型相同的训练集，并同样选取语义得分排名前 1 000 的候选实体作为训练集标注。不同 CRF 模型在候选实体识别测试集上的查准率、查全率以及 F_1 值的结果如表 3-7 所示。

表 3-7 不同 CRF 模型识别候选实体的有效性

模型	查准率	查全率	F_1 值
Word	0.877 7	0.488 5	0.632 5
N-gram	0.855 0	0.665 4	0.748 4
POS	0.728 4	0.560 6	0.633 6
Word+N-gram	0.856 9	0.662 5	0.747 2
Word+POS	0.825 4	0.620 1	0.708 2
N-gram+POS	0.855 4	0.667 7	0.750 0
Word+POS+N-gram	0.862 3	0.683 3	0.762 4
Bi-LSTM CRF	0.828 1	0.730 6	0.776 3

表 3-7 中的结果表明，当单独使用每个特征函数时，N-gram 是 CRF 模型中最有效的特征函数。同时，在使用两类特征函数组合的 CRF 模型中，使用 POS 和 N-gram 特征函数组合的 CRF 模型表现最好，

与使用单个特征函数的 CRF 模型相比，能够使候选实体识别的 F_1 值提升 0.0016。在此基础上，将词语内容信息加入 CRF 模型能够进一步提升候选实体识别的准确性和全面性。使用全部三种类型的特征函数的 CRF 模型效果最好，因为三种不同类型的特征能够分别从不同角度为模型提供丰富的语言信息，并且 POS 信息能够增强 Word 信息以及 N-gram 信息的有效性，将三种特征函数组合使用可以实现信息交互，使 CRF 模型达到最优的候选实体识别效果。

而对于普通 CRF 模型与基于深度学习的 CRF 模型的比较实验结果，与 Huang 等（2015）研究中报告的结果一致，包含深度学习模型的 Bi-LSTM CRF 模型能够进一步将候选实体识别的 F_1 值提升 0.014。虽然 Bi-LSTM CRF 模型能够实现更高的 F_1 值，但其与普通 CRF 模型相比，在候选实体识别的查准率和查全率上表现各有优劣。候选实体识别的查准率和查全率对于后续识别竞争者均有重要作用，因此需要更多实验进一步验证哪种模型对竞争者识别更有效，此部分实验结果将在 3.5.3 节进行介绍和分析。

3.5.3 竞争者识别实验

本节将验证 ICQA 方法识别竞争者的有效性，验证的思路是与现有方法进行对比，证明 ICQA 有明显的识别效果提升。为了比较 ICQA 与已有竞争者识别方法的性能差异，此部分实验从现有竞争者识别和竞争关系挖掘相关研究中选取六种前沿方法作为基准方法，对 ICQA 及基准方法的竞争者识别结果的准确性、全面性等方面进行横向比较。

第一种基准方法是基于模式的方法（Bao 等，2008；Li 等，2013），称为 CoCI。此类方法认为竞争者频繁在比较性语句中共同出现，使用三种共同出现模式，即＜＄E/NN 和＄E/NN＞，＜＄E/NN 或＄E/NN＞

和＜＄E/NN 比＄E/NN＞作为初始共现模式，从数据集中循环识别竞争者直至收敛。

第二种基准方法是生成学习方法，实验中主要遵循 Yang 等（2012）提出的名为 TFGM 的竞争关系挖掘方法，通过在线问答内容训练主题因子图模型，对实体间是否具有竞争关系进行判断。

第三种基准方法是基于有监督学习的方法，此类方法将实体间的竞争关系分析视为分类任务。实验中主要选取 Pant 和 Sheng（2015）的研究工作，利用实体在问答内容的共同出现构建实体连接二部图，在图上计算链入相似度和链出相似度，同时考虑文本相似度、共同搜索次数、共现文章数量作为分类属性，选取 Logistic 模型作为分类模型，人工标注 5 000 个实体对作为训练集训练模型，对实体间的竞争关系进行分类。用训练好的 Logistic 模型对每个目标实体与 ICQA 方法识别出的候选实体之间的关系进行分类。

第四种基准方法是 Arora 等（2017）提出的基于深度学习的模型，该模型使用 LSTM 模型从比较性语句中提取竞争者、竞争词、竞争方向等比较信息。在实验中，人工标注 5 000 个在线问答语句作为训练集训练 LSTM 模型，将训练好的模型应用到全部在线问答内容中以识别竞争者。

第五种基准方法将 ICQA 的竞争程度分析阶段与基于 Bi-LSTM CRF 识别候选实体相结合，构建名为 Bi-Net 的组合方法。Bi-Net 方法将 Bi-LSTM CRF 模型从在线问答内容中识别的实体视为候选实体，并按照 ICQA 中实体竞争网络构建和竞争程度分析方法对候选实体进行排序，进而识别竞争者。

第六种基准方法是名为 CMiner 的比较程度分析方法（Valkanas 等，2017），该方法根据实体在特征空间上的重叠程度计算实体间的竞争程度，也可应用于竞争者识别。在实验中，将与候选实体在同一问答内容中共同出现的名词作为实体的特征，计算候选实体与目标实体间的竞争程度并识别竞争者。

1. 评测数据与测度

在竞争者识别实验中，对于每种识别方法，实验选取识别结果中的前 20 个实体作为该方法的识别结果，并使用 TREC 评价方法（Voorhees 和 Harman，2005）衡量每种方法的效果。TREC 评价方法是信息提取研究领域对模型和方法进行评测的经典方法之一，被应用于包括竞争者识别在内的众多数据挖掘和人工智能研究领域。此部分实验邀请 30 位管理信息系统专业的博士生作为专家用户，对目标实体与识别出的竞争者间是否存在竞争关系进行评估。为了保证评估质量，邀请的 30 位专家均为有汽车购买经验或对汽车行业和汽车产品较为了解的人员。在标注过程中，方法识别出的竞争者与其目标实体配对，随机分配给 3 位专家进行评估，询问他们在真实商业环境中两个实体是否具有竞争关系。至少被两位专家标记为竞争者的实体才被视为有效的竞争者，其他实体则被认作无效的竞争者。

此部分实验选取四个竞争者识别研究中常用的评测指标，即查全率、查准率、F_1 值以及新颖度，从不同角度衡量 ICQA 及基准方法识别竞争者的表现。

- 查准率

查准率是衡量竞争者识别结果准确度的指标，用于测量识别出的竞争者中被专家判断为有效竞争者的实体所占的比例。对于给定的目标实体，方法 P_i 识别出的可比较实体集合表示为 E_i，TE_i 为 E_i 中被专家认定为有效竞争者的集合。因此，方法 P_i 的查准率的计算公式为：

$$Precision(P_i) = \frac{|TE_i|}{|E_i|} \quad (3-15)$$

其中，$|TE_i|$ 和 $|E_i|$ 分别为 TE_i 和 E_i 中的实体数量。

- 查全率

查全率是识别结果中有效竞争者在目标实体全部竞争者中所占的比例。由于市场的广泛性，列举市场中全部有效竞争者难度较大，为不失一般性，实验将七个竞争者识别结果中的有效竞争者合并，作为目标实体的竞争者全集。具体而言，对于方法 P_i，其查全率的计算公式为：

$$Recall(P_i) = \frac{|TE_i|}{\left|\bigcup_{j=1}^{n} TE_j\right|} \quad (3-16)$$

其中，分母表示被所有方法识别的有效竞争者。查全率表现了方法 P_i 识别竞争者结果的全面性，查全率越大，说明方法能够识别出越多的有效竞争者。

- F_1 值

F_1 值是查准率和查全率的调和平均数，是综合反映竞争者识别能力的评价指标，计算公式为：

$$F_1(P_i) = \frac{2 \times Precision(P_i) \times Recall(P_i)}{Precision(P_i) + Recall(P_i)} \quad (3-17)$$

- 新颖度

新颖度用来衡量所选方法在竞争者识别方面的创新性，即 ICQA 是否能够识别出其他基准方法难以识别出的竞争者。新颖度衡量竞争者识别结果中只能由某方法识别却无法被其他方法识别的竞争者比例。借鉴 Lathia 等（2010）在研究中提出的新颖度指标，方法 P_i 的新颖度的计算公式为：

$$Novelty(P_i) = \frac{\left| TE_i \setminus \bigcup_{j=1, j \neq i}^{n} TE_j \right|}{|E_i|} \quad (3-18)$$

2. 实验结果

图3-9为ICQA和六种基准方法查准率结果的雷达图，其中每个辐条代表表3-3中所示的目标实体。从结果可以看出，CoCI拥有最高的竞争者识别查准率，ICQA与DLCIE具有相似的查准率，并均优于TFGM、CMiner、Logistic和Bi-Net。平均而言，ICQA的查准率比TFGM、CMiner、Logistic和Bi-Net分别高11.33%、62.83%、22.83%和11.67%。ICQA较高的查准率表明其能提供更准确的竞争者识别结果。

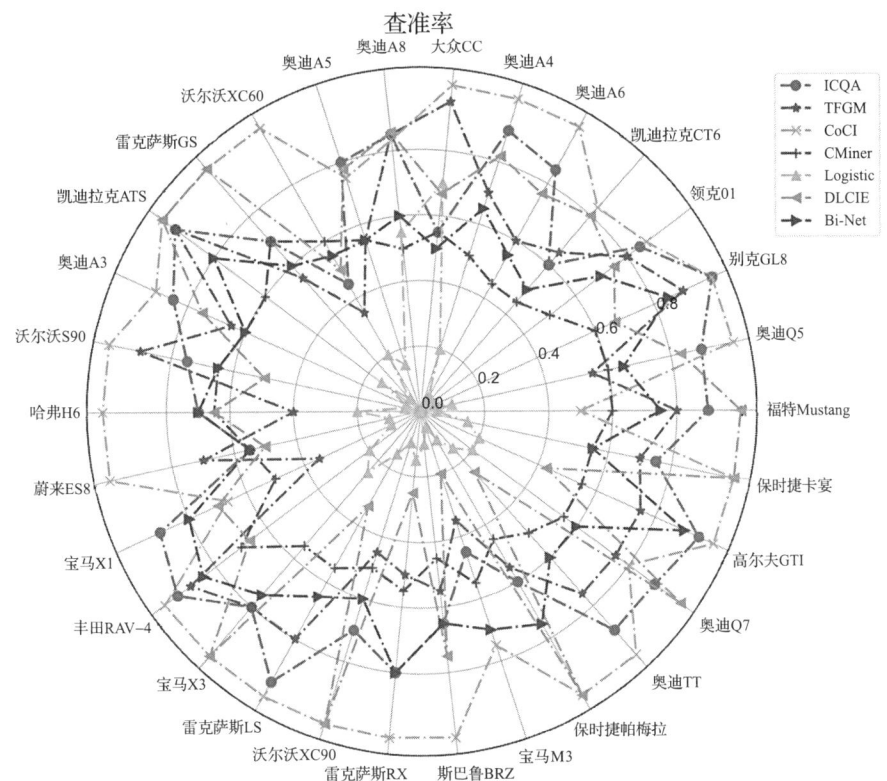

图3-9 ICQA及基准方法的查准率结果

不同竞争者识别方法的查全率结果如图 3-10 所示，在七种方法中，ICQA 在大多数目标实体情况下均取得了最高的查全率。相比之下，CoCI、DLCIE 和 Logistic 的查全率表现显著弱于其他基准方法。与 CoCI、TFGM、Logistic、CMiner、DLCIE 和 Bi-Net 相比，ICQA 的查全率分别高 24.04%、4.98%、26.72%、9.24%、22.55% 和 4.46%，说明与其他方法相比，ICQA 方法能够帮助挖掘更广泛的竞争者，帮助消费者和管理者更全面地了解市场竞争态势。

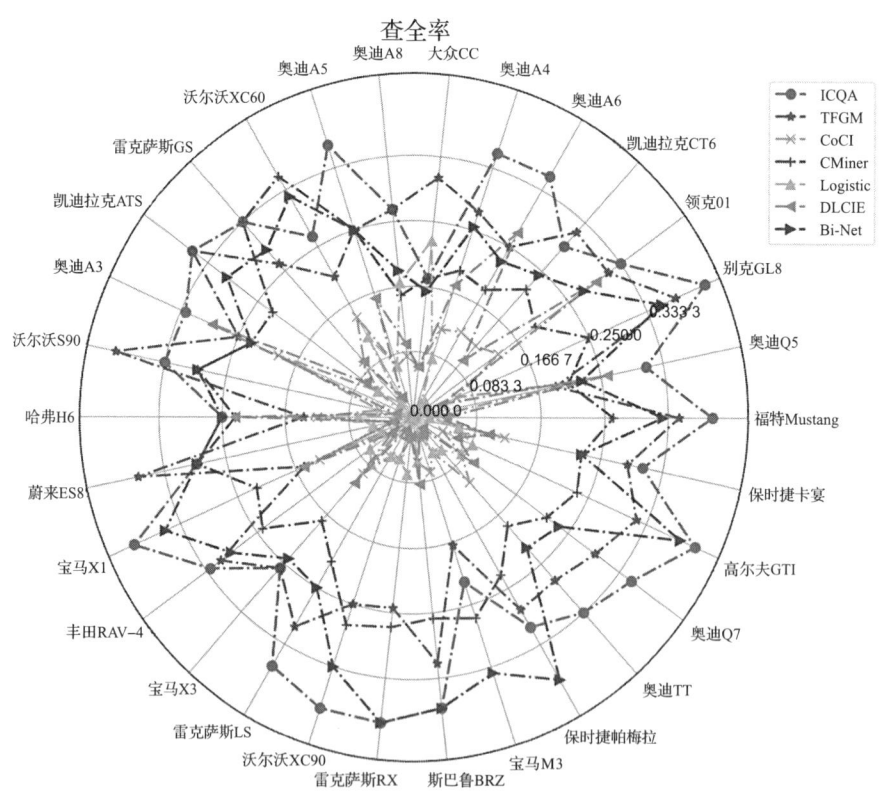

图 3-10 ICQA 及基准方法的查全率结果

为了同时考虑方法的查准率和查全率，综合衡量竞争者识别方法的有效性，实验还采用了 F_1 值对各种方法进行评价，结果如图 3-11 所示。图中的结果表明，在七种方法中，ICQA 方法在大部分情况下均有最高的 F_1 值。平均而言，ICQA 的 F_1 值比 CoCI、TFGM、Logistic、CMiner、DLCIE 和 Bi-Net 分别提高了 30.34%、6.89%、37.32%、13.11%、29.2%和 6.45%，说明 ICQA 方法能够全面、准确地识别出市场中的竞争者，提供更可靠有效的竞争者信息。

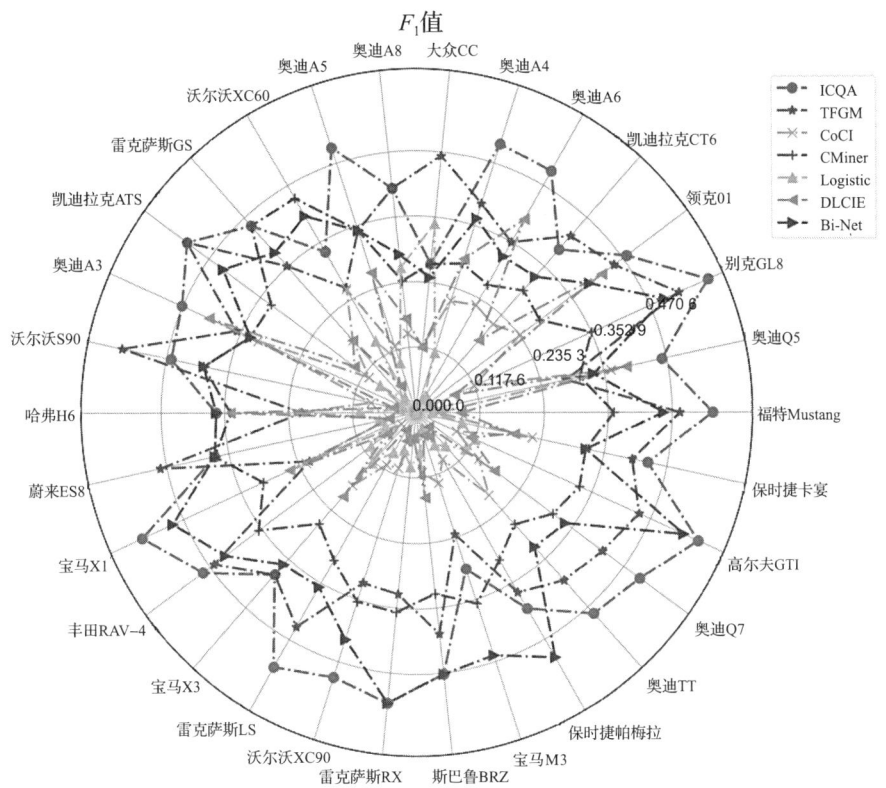

图 3-11　ICQA 及基准方法的 F_1 值结果

ICQA 和基准方法针对 30 个目标实体识别竞争者的查准率、查全率和 F_1 值均值如表 3-8 所示，每个测度下表现最佳的方法在表中加粗显示。同时，对 ICQA 与基准方法的查准率、查全率和 F_1 值结果进行配对 t 检验，以验证 ICQA 与现有方法相比是否有更好的性能，结果如

表 3-9 所示。

表 3-8　ICQA 及基准方法的查准率、查全率和 F_1 值的均值

	ICQA	CoCI	TFGM	Logistic	CMiner	DLCIE	Bi-Net
查准率	0.781 7	**0.930 6**	0.668 3	0.153 3	0.553 3	0.713 8	0.665 0
查全率	**0.365 8**	0.099 1	0.309 8	0.067 9	0.263 7	0.102 1	0.283 4
F_1 值	**0.495 4**	0.174 1	0.420 6	0.093 3	0.354 7	0.167 7	0.395 1

表 3-9　ICQA 与基准方法的配对 t 检验结果

假设	t 统计量	p 值	显著性
ICQA 的查准率＞CoCI 的查准率	-3.947 6	2.31E-04	
ICQA 的查全率＞CoCI 的查全率	15.718 7	4.99E-16	***
ICQA 的 F_1 值＞CoCI 的 F_1 值	13.635 5	1.91E-14	***
ICQA 的查准率＞TFGM 的查准率	3.554 1	6.61E-04	***
ICQA 的查全率＞TFGM 的查全率	3.757 0	3.85E-04	***
ICQA 的 F_1 值＞TFGM 的 F_1 值	3.718 1	4.28E-04	***
ICQA 的查准率＞Logistic 的查准率	15.479 7	7.44E-16	***
ICQA 的查全率＞Logistic 的查全率	16.381 0	1.70E-16	***
ICQA 的 F_1 值＞Logistic 的 F_1 值	16.321 7	1.87E-16	***
ICQA 的查准率＞CMiner 的查准率	7.785 0	6.92E-09	***
ICQA 的查全率＞CMiner 的查全率	7.499 7	1.44E-08	***
ICQA 的 F_1 值＞CMiner 的 F_1 值	7.629 0	1.03E-08	***
ICQA 的查准率＞DLCIE 的查准率	1.359 4	9.22E-02	
ICQA 的查全率＞DLCIE 的查全率	11.663 8	9.01E-13	***
ICQA 的 F_1 值＞DLCIE 的 F_1 值	16.321 7	1.87E-16	***
ICQA 的查准率＞Bi-Net 的查准率	4.612 2	3.72E-05	***
ICQA 的查全率＞Bi-Net 的查全率	4.149 2	1.33E-04	***
ICQA 的 F_1 值＞Bi-Net 的 F_1 值	4.304 4	8.70E-05	***

从表 3-8 和表 3-9 中的结果，可得出如下结论。首先，在所有的方法中，ICQA 获得了相对较好的查准率结果，并且有最高的查全率和 F_1 值。这说明在第一阶段无论使用 CRF 模型还是 Bi-LSTM CRF 模型识别候选实体，与现有方法相比，ICQA 框架都能更准确且更全面地从用户生成内容中识别竞争者。其次，ICQA 的查准率、查全率以及 F_1 值结果均显著优于 Bi-Net，说明在 ICQA 框架中的候选实体识别阶段使用 CRF 模型更有效。结合表 3-7 中的结果，可知 Bi-LSTM CRF 识别的候选实体查准率较低影响了第二阶段竞争者识别的有效性，虽然 CRF 模型识别候选实体的查全率稍低，但其能够更准确地识别候选实体，以此提高了后续竞争者识别的效果。最后，虽然 CoCI 以及 DLCIE 在竞争者识别查准率方面优于除 ICQA 外的其他基准方法，但它们在查全率和 F_1 值上的表现不佳，因为它们仅考虑竞争者在比较性语句中共同出现这一特殊情况，而这一特殊情况在用户生成内容中出现比例较低。

与此同时，从方法特性的角度进行分析，ICQA 的三个要素使其能够表现出更好的竞争者识别效果。第一，不同于现有方法仅使用在比较性语句中出现的实体作为候选实体或直接人工给定候选实体集合，ICQA 利用模式改进了基于学习的方法，从在线问答内容中自动提取候选实体，这一改进方法能够充分结合两类方法的优势，识别的候选实体集合更为准确和全面，提升了后续竞争者识别的查准率和查全率。第二，在衡量实体间竞争程度时，ICQA 充分考虑了在线问答内容的上下文语义相关性，即在同一回答的不同句子中出现或者在问题和答案中分别出现的实体间可能存在竞争关系。现有基于用户生成内容的竞争者识别方法仅认为在同一比较性语句中共同出现的实体间具有竞争关系，却忽视了文本内容的上下文关联。第三，ICQA 利用在线问答内容中的投票机制区分不同内容中包含的竞争信息的质量,而现有研究未考虑用户生成内容间的质量差异,没有对竞争信息进行区分。

此外,基于模式的方法、基于深度学习的方法、基于有监督学习的方法以及基于竞争程度分析的方法各自存在局限,导致这些方法从用户生成内容中识别竞争者时不够有效。CoCI 和 DLCIE 仅考虑竞争者在同一比较性语句中共同出现的情况,比较性语句仅在用户生成内容中占很小比例,导致这两种方法的查全率和 F_1 值表现较差。基于深度学习的 DLCIE 方法通过对比较性语句序列的建模,能够更好地捕获竞争者在句子中的交互,因此能够获得比 CoCI 更好的查全率结果。对于基于有监督学习的方法,链入相似度和链出相似度等分类属性是针对企业网站间存在的网络同构(Online Isomorphism)现象而设计的,但是此类现象和链接在用户生成内容中并不明显,导致使用此类属性训练的有监督学习模型难以区分竞争者和非竞争者。最后,对于基于竞争程度分析的方法,由于在线问答内容文本较长,提取出的实体特征中存在大量不相关的词语,降低了实体竞争程度分析的准确性,进而影响这类方法的竞争者识别效果。

在实验中还使用了新颖度指标从能否识别新颖的竞争实体角度衡量各方法的有效性,结果如表 3-10 所示。从实验结果中可以看出,对于每个目标实体,ICQA 的新颖度结果均大于 0,说明 ICQA 能够识别出现有方法无法识别出的有效竞争者。ICQA 在 30 个目标实体上的新颖度均值为 0.565,说明 ICQA 的竞争者识别结果中有 56.5% 的实体是其他方法难以识别的竞争者,能够在现有竞争者识别方法的基础上发现更多的实体。

表 3-10　ICQA 的新颖度结果

目标实体序号	新颖度	目标实体序号	新颖度	目标实体序号	新颖度
1	0.60	11	0.25	21	0.45
2	0.55	12	0.60	22	0.55
3	0.60	13	0.70	23	0.70
4	0.55	14	0.40	24	0.40
5	0.45	15	0.50	25	0.40
6	0.60	16	0.70	26	0.40
7	0.60	17	0.45	27	0.70
8	0.45	18	0.80	28	0.70
9	0.55	19	0.85	29	0.70
10	0.55	20	0.60	30	0.60

通过以上实验结果，可得出以下两个结论：

（1）与现有竞争者识别方法相比，ICQA 能够提供更准确、更全面的竞争者识别结果。

（2）ICQA 能够识别被现有方法忽略的竞争者，提供新颖的竞争者识别结果。

ICQA 的上述两个特性，能够为企业管理者和消费者提供高质量的竞争信息，帮助企业管理者和消费者制定科学的决策。

3.5.4　竞争者排序实验

本节将验证 ICQA 方法在竞争者排序方面的有效性，并验证其与现有竞争程度分析方法相比的效果提升。在此部分实验中，选择现有竞争程度分析方法中的两种代表性方法作为基准方法。

第一种基准方法是 Valkanas 等（2017）提出的 CMiner 方法，其将实体间的竞争程度定义为实体在特征空间上的重叠程度。在实验中，将与各竞争实体在在线问答内容中共同出现的名词作为实体特征，基于实体在特征空间上的重叠程度计算竞争程度。

第二种基准方法是 Wei 等（2016）提出的名为 BCQ 的实体竞争程度分析方法，该方法通过实体共同搜索关键词构建二部图，并计算实体在二部图上的路径衡量它们之间的竞争程度。在实验中，同样提取与各竞争者在在线问答内容中共同出现的名词作为中间词，为目标实体和可比较实体构建二部图并计算竞争程度。

1. 评测数据与测度

Li 等（2013）在研究中指出，实体在搜索引擎中共同搜索返回的网页数量能够反映实体间的相关性，因此实验将竞争实体在搜索引擎中共同搜索返回的网页数作为外部验证数据，验证实体间竞争程度以及竞争者排序的有效性。对于每个目标实体 e_f 和 ICQA 识别出的排名前 20 的可比较实体 e_i^{comp}，使用查询关键词"e_f 和 e_i^{comp}"在搜索引擎百度中进行搜索，并记录搜索引擎返回的网页数量。为了消除每个实体流行度带来的影响，还收集单独搜索"e_f"和"e_i^{comp}"返回的网页数量。基于搜索引擎返回的网页数量，计算 e_f 和 e_i^{comp} 间的相关程度：

$$Comp(e_f, e_i^{comp}) = \frac{N(e_f \text{ vs } e_i^{comp})}{N(e_f) \times N(e_i^{comp})} \quad (3-19)$$

其中，$N(x)$ 为搜索 x 时搜索引擎返回的网页数量。

根据计算出的 $Comp(e_f, e_i^{comp})$，将竞争者按照相关程度从大到小进行排序，该排序可作为基准排序反映实体的竞争程度。如果一种方法足够有效，应能够区分竞争者与目标实体的竞争程度，并提供一个与基准排序更一致的竞争者排序。因此，实验使用 nDCG 作为衡量不同竞争者排序方法有效性的指标，该指标为衡量给定排序与基准排序间序列一致性的经典测度，并常用于竞争程度分析领域的相关研究（Wei 等，2016）。

给定一个目标实体 e_f 及竞争程度分析方法 P_j，P_j 的 nDCG 的计算公式为：

$$nDCG_j = \frac{1}{Z} \left(\sum_{e_i^{comp} \in E^{comp}} \frac{2^{comp(e_f, e_i^{comp})} - 1}{\log_2(1 + Ind_j(e_i^{comp}))} \right) \quad (3-20)$$

其中，$Comp(e_f, e_i^{comp})$ 表示基于式（3-19）计算的 e_f 和 e_i^{comp} 间的外部竞争程度，$Ind_j(e_i^{comp})$ 表示 e_i^{comp} 在方法 P_j 生成的竞争者排序中的序号，Z 是基准排序的最大可能累积折现收益（Discounted Cumulative Gain，DCG），计算公式为：

$$Z = \sum_{e_i^{comp} \in E_j} \frac{2^{comp(e_f, e_i^{comp})} - 1}{\log_2(1 + BInd(e_i^{comp}))} \quad (3-21)$$

其中，$BInd(e_i^{comp})$ 为 e_i^{comp} 在基准实体排序中的序号。

2. 实验结果

方法的 nDCG 结果越高，表明其生成的实体排名与基准排名越一致，得出的竞争者排序结果越准确。ICQA 及基准方法在 30 个目标实体上的 nDCG 结果如表 3-11 所示，表中加粗的结果表示每个目标实体上表现最好的方法。实验结果显示，ICQA 在大部分目标实体上均能取得比基准方法更高的 nDCG，说明其能更有效地分析实体间的比较程度，并提供可靠的可比较实体排名。

表 3-11 ICQA 及基准方法的 nDCG 结果

目标实体序号	ICQA	CMiner	BCQ	目标实体序号	ICQA	CMiner	BCQ
1	**0.965 3**	0.593 1	0.591 6	16	**0.501 0**	0.348 1	0.352 7
2	0.701 9	0.723 5	**0.729 5**	17	**0.585 6**	0.504 5	0.500 6
3	0.517 3	0.542 3	**0.542 6**	18	**0.340 5**	0.307 9	0.304 4
4	**0.770 8**	0.304 7	0.301 6	19	**0.727 5**	0.516 3	0.515 5
5	**0.494 7**	0.476 5	0.476 5	20	0.714 0	0.724 0	**0.736 3**
6	**0.615 5**	0.450 9	0.460 0	21	0.282 5	**0.294 1**	0.288 9
7	**0.312 4**	0.291 3	0.286 2	22	0.765 2	0.776 0	**0.798 1**
8	**0.587 4**	0.427 4	0.409 8	23	**0.686 8**	0.633 0	0.624 6
9	**0.693 6**	0.497 6	0.518 8	24	**0.602 9**	0.299 6	0.292 1
10	**0.664 5**	0.641 5	0.658 7	25	0.586 5	0.627 0	**0.657 6**
11	**0.305 0**	0.289 3	0.280 8	26	**0.767 4**	0.603 8	0.563 3
12	**0.418 2**	0.398 1	0.397 6	27	**0.828 5**	0.819 6	0.800 4
13	**0.716 9**	0.365 3	0.372 0	28	**0.803 3**	0.760 1	0.756 0
14	**0.409 2**	0.400 4	0.380 3	29	**0.491 8**	0.432 7	0.433 0
15	**0.444 1**	0.326 2	0.329 8	30	0.605 6	**0.607 2**	0.605 8
均值		**ICQA：0.596 9**			CMiner：0.499 4		BCQ：0.498 8

从实验结果可以分析 ICQA 及现有竞争程度分析方法的特性和局限。CMiner 和 BCQ 通过分析不同实体在用户生成内容中的特征重叠衡量竞争程度，此类方法在在线评论或网络搜索日志等实体特征明确且易于提取的用户生成内容中更为有效。在在线问答内容等用户生成内容中，由于文本内容较长，用户对于实体特征的描述不明确，特征词和非特征词混合交错，提取出的实体特征存在大量噪声，影响了 CMiner 和 BCQ 分析竞争程度的有效性。相比之下，ICQA 不关注实体特征，主要考虑实体间的潜在语义关系。ICQA 将竞争的位置信息和可信度信息充

分融入实体竞争网络的构建过程，通过实体在网络中的关系消除位置的影响。无论实体特征是否在文本内容中被明确提及，ICQA 均能够准确地从在线问答内容中提取竞争信息并衡量实体间的竞争程度。然而，由于在分析过程中无法明确利用实体特征，与现有基于实体特征的方法相比，ICQA 计算出的竞争程度结果缺乏足够的解释性，这也是 ICQA 方法分析竞争程度的局限性。

综合以上竞争者排序的实验结果可知，与现有竞争程度分析方法相比，ICQA 方法能够更有效地分析竞争者间的竞争程度，并提供准确可靠的竞争者排序结果。

3.6　方法总结

竞争者识别是企业管理者和消费者实现科学决策至关重要的环节之一，但现有竞争者识别方法存在多个方面的局限。首先，现有研究大多假设在同一比较性语句中共同出现的实体具有竞争关系，忽略了用户生成内容中上下文语义关联形成的更宽泛的竞争关系，即在更多情况下，一个产品或企业的竞争者可能在不同的句子中被单独讨论，而非在一个句子中共同出现。其次，现有方法需要人工给定候选实体集合，并需要大量人工标注以构建模型的训练集，容易受到人的主观认知偏差的影响。此外，现有研究没有对用户生成内容的质量差异进行区分，致使竞争者识别结果中存在噪声。

针对上述问题，本章从设计科学范式出发，将在线问答内容作为具有丰富直接比较关系的用户生成内容的典型代表，介绍了名为 ICQA 的竞争者识别方法。具体而言，该方法包括两个阶段。第一阶段致力于利用较少的人工知识识别更全面的候选实体，通过规定少量比较模式和实体模式识别部分实体，并将识别出的实体作为标注，进行有监督学习模型的训练，以减少对人工标注的依赖。在融合两类方法的过程中，为了减少实体标注中噪声的影响，利用基于深度学习的 Doc2vec 模型对实体语义进行表示，从语义相似度的角度实现实体的有效筛选。第二阶段结合在线问答平台的问答属性和社交属性，并考虑竞争关系的非对称性和可传递性，设计构建实体竞争网络，基于网络衡量实体比较程度，实现竞争者识别和排序。

为了更清楚地阐释 ICQA 方法识别竞争者的过程和效率，本章通过一个真实数据下的竞争者识别示例详细说明 ICQA 的识别过程，同时分析 ICQA 的算法细节及其计算复杂度。此外，本章通过在真实数据上进行的一系列实验，验证了 ICQA 方法与现有方法相比在竞争者识别效果上的提升。具体而言，实验从参数对方法效果的影响、竞争者识别有效性、竞争者排序有效性三个角度验证了 ICQA 方法的稳定性及识别结果的有效性。实验结果表明，相比于当前主要的竞争者识别方法，ICQA 能够识别更准确、更广泛、更新颖的竞争者结果，同时能够准确分析竞争者间的竞争程度并提供可靠的竞争者排序。ICQA 方法可为消费者和管理者提供市场上关于竞争者的更全面信息，以支持其做出科学决策。

第 4 章
基于用户间接比较的竞争者识别

4.1 方法背景

现有部分学术研究利用数据挖掘和机器学习方法，从用户生成内容中识别竞争者，供企业管理者和消费者进行有效的管理和购买决策。然而，无论是现有方法还是本书第 3 章中提出的基于用户直接比较的竞争者识别方法，均假设竞争者会在同一语句或在语义相关的同一文档中同时出现。此类方法在用户问答内容、博客等用户有明显比较意识的长文本中效果较好，而对于网络搜索日志、在线评论、Twitter 等用户无明确比较意识的用户生成内容并不适用。这类内容通常文本较短，不同文本间的语义相关性不明确，竞争者较少以直接比较形式共同出现，例如，电子商务评论中仅有 10% 的句子是包含实体直接比较的比较性语句（Valkanas 等，2017）。由于缺乏用户的直接比较，现有竞争者识别方法在此类用户生成内容中的有效性和可应用性大打折扣。

除了传统的直接比较视角识别竞争者外，竞争者间的竞争关系还存在间接比较这一新视角。在用户无明显比较意识的用户生成内容中，用户更多根据自身认知对单个实体及其特征进行描述和讨论，每个描述中出现的实体属性作为中间桥梁，可将具有竞争关系的实体连接，形成间接的竞争关系。例如，在网络搜索日志中，类似于"宝马 奔驰"这样直接对竞争者进行查询的搜索数量较少，更多用户会单独将实体及其感兴趣的属性作为查询关键词，如"奔驰 4S 店""奔驰 SUV""宝马 4S 店""宝马 SUV"等。通过共同的实体属性"4S 店"和"SUV"的连接，"宝马"和"奔驰"之间形成间接竞争关系。在用户无比较意识的用户生成内容中，竞争者更多以此类间接形式形成关联，这为利用用户生成内容识别竞争者提供了全新的思路。

随着互联网搜索技术的发展，用户习惯利用搜索引擎查找信息，尤其在购物之前，大量用户会在搜索引擎中搜索关于产品的信息。在此过程中，用户使用的搜索关键词形成了网络搜索日志。作为一种典型的用户生成内容，网络搜索日志在识别竞争者方面具有以下优势：首先，网络搜索日志记录了消费者的真实输入，能够反映消费者的真实意图及其最关心的属性和问题，从搜索日志中识别出的竞争者可视为消费者意见的真实映射（Bing 等，2018）。其次，由于搜索引擎的广泛应用，网络搜索日志的数量和覆盖范围远超其他类型的用户生成内容，从中提取的竞争信息更能够代表消费者的整体态度（Geva 等，2017）。此外，网络搜索日志的时效性更强，可及时捕捉消费者兴趣及观点变化，从网络搜索日志中识别竞争者，能够紧跟市场波动，发掘竞争者信息的动态变化（Wei 等，2016）。

如前所述，作为用户无比较意识的用户生成内容的代表，网络搜索日志中包含大量的实体间接比较关系，因此本章以网络搜索日志为典型数据源，从设计科学研究范式的视角出发，介绍一种基于用户间接比较的竞争者识别方法。从网络搜索日志中识别竞争者需要解决如下两个关键问题：一是，大部分竞争者不直接在同一网络搜索日志中同时出现，需要界定间接比较关系，并针对此类关系设计相应的竞争者识别方法。二是，网络搜索日志中存在大量与实体不相关的查询，需要将实体语义信息融入竞争者识别过程。虽然现有少量学术研究利用生成模型从话题相关度的角度分析竞争关系，但这些方法均针对专利、新闻等内容较长的专家生成内容设计，这些长文本包含丰富的语料信息，各词汇的出现频率较高，有助于充分训练和更新生成模型中的各类参数。然而，直接利用网络搜索日志等短文本无法实现对生成模型参数的有效训练和更新，因此需要针对短文本设计有效的实体语义分析方法，并从语义角度判断实体关系。

针对上述问题，本章将介绍一种名为 ICWSL（Identifying Comparable entity via Web Search Logs）的新方法，利用间接比较关系从网络搜索日志中识别竞争者。该方法主要包括两个阶段：首先通过实体在搜索日志中的实体属性构建间接关联关系，利用与目标实体的间接关联获取全面的候选实体集合；而后，定义实体在网络搜索日志中的实体文档，利用实体文档训练基于深度学习的语义分析模型，实现对候选实体的语义向量表示，并通过实体间语义相似度识别竞争者。为验证 ICWSL 方法的有效性，本章利用真实网络搜索日志数据设计了全面的数据实验，实验结果表明：相比于现有基于直接比较关系的竞争者识别方法，ICWSL 方法能够挖掘出更准确、更全面、更新颖的竞争者结果，提供准确可靠的竞争者排序。

4.2 基于用户间接比较的竞争者识别方法

基于用户间接比较的竞争者识别方法框架如图 4-1 所示，其中两个方框分别代表候选实体生成阶段和竞争者识别阶段。第一阶段旨在基于网络搜索日志中的间接关联寻找大量候选实体。首先挖掘与目标实体有直接关联的关键词，并基于相关性度量从中选择与目标实体相关性强的关键词组成中间词集合。随后提取与中间词直接关联的关键词，即与目标实体具有间接关联的关键词，组成候选实体。第二阶段基于语义相关性分析从候选实体集中识别竞争者。首先基于各候选实体的直接关联关键词构建候选实体文档，用以描述候选实体。之后利用搜索引擎结果和某百科数据训练 Word2vec 模型，获取实体文档内词语的语义向量表示，在此基础上利用多元高斯分布表示各实体文档的语义，根据候选实体文档与目标实体文档在语义分布上的相似性，衡量实体竞争程度并从候选实体集合中识别竞争者。接下来的 4.2.2 节和 4.2.3 节将分别详细介绍 ICWSL 方法的两个阶段。

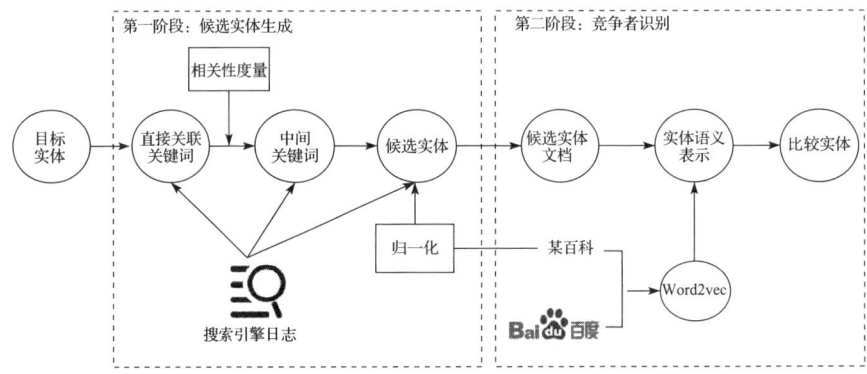

图 4-1 基于用户间接比较的竞争者识别方法框架

4.2.1 概念定义

令 Q 表示一定时间段内网络搜索日志的集合，其中一条搜索日志可表示为 q。q 可以是一个完整的句子，或仅由若干词语组成。根据网络搜索日志的语言特征，Jieba[1]、NLTK[2] 和 Stanford Parser[3] 等分词工

---

[1] https://github.com/fxsjy/jieba.
[2] http://www.nltk.org.
[3] https://nlp.stanford.edu/software/lex-parser.html.

具可用于预处理搜索日志中的文本。处理后的 q 可表示为一个二元组 $q=(K, N)$，其中 $q.K$ 表示 q 中包含的关键词集合，$q.N$ 表示该时间段内 q 在搜索引擎中的总搜索次数。在 ICWSL 中使用网络搜索日志的时间范围可根据方法的实际使用场景决定，若用户想要了解短时间内实体间的比较关系，可选择使用较短时间范围内的网络搜索日志，如一周或一个月。相反，用户可将时间范围设为一个季度或六个月，以进行长期的竞争实体分析。对一个实体 e，可通过百度营销或 Google AdWords 等由搜索引擎提供的免费工具直接下载包含 e 的网络日志，下载的所有数据可作为搜索引擎集合 Q。表 4-1 为 2018 年 2 月 5 日百度中包含"宝马"这一关键词的网络搜索日志数据示例。

表 4-1　网络搜索日志示例

序号	K	N	序号	K	N
q_1	{宝马，X5}	27 322	q_4	{宝马，SUV，价格}	740
q_2	{宝马，业务}	12 524	q_5	{宝马，车}	1 330
q_3	{宝马，汽车}	6 430	q_6	{宝马，4S}	1 414

定义 1（直接关联关系）　对于给定的两个关键词 k_a 和 k_b，若存在搜索日志 $q=(K, N) \in Q$ 使得 k_a 和 k_b 共同出现，即 $k_a \in q.K$，$k_b \in q.K$，则称 k_a 和 k_b 存在直接关联关系。令 (k_a, k_b) 为表示 k_a 和 k_b 间关系的二元组，k_a 和 k_b 直接关联表明 $(k_a, k_b) \in R^d = \{(k, k') | k, k' \in q.K, \forall q \in Q\}$，其中 R^d 为直接关联关系集合。

定义 2（间接关联关系）　对于给定的两个关键词 k_a 和 k_c，若存在关键词 k_b 与 k_a 和 k_c 均具有直接关联关系，则称 k_a 和 k_c 间存在间接关联关系。k_a 和 k_c 间接关联表明 $(k_a, k_c) \in R^{ind} = \{(k, k'') | (k, k') \in R^d, (k', k'') \in R^d\}$，其中 R^{ind} 为间接关联关系集合。

与关键词 k 存在直接关联的关键词可视作与其相关的实体属性。例如，对于关键词"宝马",用户经常搜索"宝马4S""宝马SUV""宝马德国"等,关键词"4S""SUV""德国"可成为消费者视角下描述"宝马"的属性。通常来说,判断两个实体是否存在竞争关系,往往取决于它们是否在市场中争夺相同消费者的注意力(Peteraf和Bergen,2003)。在网络搜索日志中,间接关联的关键词具有在消费者看来相似的属性,两个间接关联的关键词(如"宝马"和"奔驰")可视为在其相同的实体属性(如"4S"和"SUV")上争夺消费者关注。从这一角度来看,搜索引擎中与实体被共同搜索的属性词,可作为构建可比较实体间的间接关联桥梁。

值得注意的是,实体间的直接关联关系和间接关联关系并不互斥,可能共存。例如,"宝马"和"奔驰"在搜索日志"宝马 奔驰"中存在直接关联关系,但"奔驰"并不是描述"宝马"的实体属性,因此ICWSL方法使用PMI(Point-wise Mutual Information)度量消除两种关系重叠带来的影响,此部分将在4.2.2节介绍。

4.2.2 候选实体生成

ICWSL在第一阶段使用直接关联和间接关联关系从网络搜索日志中提取候选实体集合,步骤如下:

(1) 对于目标实体 e_f,从网络搜索日志集合 Q 中提取包含 e_f 的搜索日志集合, $Q_{e_f} = \{q \mid e_f \in q.K, \forall q \in Q\}$。

(2) 从目标实体 e_f 出发,在 Q_{e_f} 的所有搜索关键词中寻找与 e_f 直接关联的关键词,构建中间词集合 $M = \{k_m \mid (k_m, e_f) \in R^d\}$。

(3) 经由与步骤(1)和步骤(2)相同的过程,对于 M 中的每个中间词 k_m,构建 k_m 的搜索日志集合并提取与 k_m 直接关联的关键词,这些关键词与目标实体 e_f 间存在间接关联关系。将通过所有中间词提取的间接关联关键词结果合并，构成候选实体集合 $E^{cand}=\{e_1^{cand}, e_2^{cand}, \cdots, e_{ncand}^{cand}\}$。

通过以上三个步骤，与目标实体 e_f 有间接关联的实体组成候选集合。步骤（2）生成大量与 e_f 直接关联的关键词，其中一些关键词可能仅与 e_f 共同出现而不具有实际意义，也无法代表关键词的属性。因此，在生成中间词集合时，使用 PMI 衡量目标实体 e_f 和直接关联词之间的相关性，PMI 可定义为：

$$PMI(e_f, k_m) = \frac{n(e_f, k_m)}{n(e_f)n(k_m)} \quad (4-1)$$

其中，$n(e_f)$、$n(k_m)$ 和 $n(e_f, k_m)$ 分别代表包含 e_f、k_m 以及同时包含两者的查询组合在搜索引擎中的搜索数量。对于一个关键词 k，其在搜索引擎中的搜索数量为：

$$n(k) = \sum_{q \in Q, k \in q.K} q.N \quad (4-2)$$

基于 PMI 值，可将与目标实体 e_f 直接关联的关键词进行排序，得到 $Kr = \{k_{(1)}, k_{(2)}, \cdots, k_{(l)}\}$，其中 l 表示直接关联的关键词数量。通常来说，一个实体的有意义属性往往有限，因此，选取排名靠前的直接关联关键词组成中间词集合 M，并利用其生成候选实体集合 E^{cand}。

此外，在用户生成内容中，同一实体常常有多种表达方式，为了降低候选实体集合中的冗余，提高可比较实体识别的准确性，需要对候选实体进行归一化。如 3.2.1 节所述，在某百科中，同一实体的不同表达形式会链接到同一网页。因此，ICWSL 同样利用百科中的锚文本数据对候选实体进行归一化。将百科锚文本中被指向的实体（如"梅赛德斯-奔驰"）作为标准表达形式，对指向它的实体（如"宾士""奔驰""梅赛德斯"）进行归一化。在归一化过后，可进一步确认归一化结果并对其中的错误进行调整，确保候选实体集合中所有的实体都以恰当形式出现。

4.2.3 竞争者识别

在 ICWSL 的第一阶段生成的候选实体集合中可能存在部分噪声，影响可比较实体识别的准确性。例如，通过关联路径"宝马"→"汽车"→"工厂"找到的关键词"工厂"，可能也被包含在候选实体集合中。因此，ICWSL 在第二阶段引入语义分析方法，消除候选实体集合中的噪声，并通过衡量候选实体与目标实体的语义相似度识别竞争者。如 4.2.1 节的讨论，与实体 e 直接关联的关键词可被视为描述其特征的实体属性，基于网络搜索日志，可对实体 e 的实体文档进行定义。

定义 3（实体文档） 给定一个时间段内的网络搜索日志集合 Q，将实体 e 的实体文档 $Profile(e)$ 定义为：

$$Profile(e) = \left\{ (w,n) \mid \forall (w,e) \in R^d, n = \sum_{\forall q \in Q, w \in q.K} q.N \right\}$$

(4-3)

其中，(w, n) 为一个二元组，包含与 e 直接关联的关键词 w，以及 w 和 e 在 Q 中的共同搜索量之和。例如，基于"宝马"在表 4-1 中的网络搜索日志构建的实体文档 $Profile(\text{BMW})$ 为 {(X5, 27322)，（业务，12524），（汽车，6430），（SUV，740），（价格，740），（车，1330），（4S，1414）}。在实体文档中，每个关键词的搜索量可成为该关键词的权重，w 在 $Profile(e)$ 中的搜索量越大，意味着越多的消费者将 w 和 e 放在一起进行查询，反映出消费者认为 w 是 e 的一个重要实体属性，因此 w 在实体文档中的权重应更大。

从搜索引擎用户的角度来看，实体文档是对实体的一种描述，表明消费者对实体的态度及最关心的特征,所以,实体文档间的相似性可代表实体间的语义相似性,用于识别竞争者。

为了准确衡量实体文档间的语义相关性,ICWSL 使用 Word2vec 这一经典词嵌入表示模型。Word2vec 可利用大量非结构化文本将每个词语映射为稠密空间中的一个向量(Le 和 Mikolov,2014),词向量间的余弦距离反映词语间的语义相似度(Le 和 Mikolov,2014)。Word2vec 模型是一个基于深度学习的模型,需要大量的训练集实现模型训练。在 ICWSL 中,任何能为实体及其实体文档提供全面信息的高质量文本均能够用于训练 Word2vec 模型。根据数据的可得性及应用场景(如语言),常见的训练数据取自百科、搜索引擎结果、新闻、专利数据或它们的组合(Shin 等,2020)。由于本方法使用中文网络搜索日志作为数据来源,因此,使用某百科及每个候选实体在百度中的前 100 个搜索结果作为语料,训练 Word2vec 模型,此部分内容将在 4.5.1 节中详细介绍。

在训练好的 Word2vec 模型中,每个实体文档中的关键词 w 被表示为一个词向量 $\omega=(s_1, s_2, \cdots, s_d)$,其中 d 表示 Word2vec 模型中的向量维度。对于每个实体文档,假设其语义表示为一个多维高斯分布,实体文档中包含的关键词的词向量视为从文档分布中生成的样本。也就是说,$Profile(e)$ 中包含的关键词 w 的词向量是从 $Profile(e)$ 多维高斯分布中抽取的独立同分布样本,即有

$$\omega \sim \mathcal{N}(\mu_e, \Sigma_e) \tag{4-4}$$

其中,$\mathcal{N}(\mu_e, \Sigma_e)$ 表示 $Profile(e)$ 的多维高斯分布,$\mu_e=(u_{e,1}, u_{e,2}, \cdots, u_{e,d})$ 是分布的均值向量,$\Sigma_e = \begin{bmatrix} \sigma_{1,1}^2 & \sigma_{1,2}^2 & \cdots & \sigma_{1,d}^2 \\ \sigma_{2,1}^2 & \sigma_{2,2}^2 & \cdots & \sigma_{2,d}^2 \\ \vdots & \vdots & & \vdots \\ \sigma_{d,1}^2 & \sigma_{d,2}^2 & \cdots & \sigma_{d,d}^2 \end{bmatrix}$ 是分布的协方差矩

阵。协方差矩阵中 $\sigma_{f,g}$ 为分布的第 f 维和第 g 维之间的方差，其中 f 和 g 为 1 到 d 之间的某一整数。

根据极大似然估计，μ_e 和 Σ_e 可分别通过样本均值和经验协方差矩阵进行估计。因此，实体文档分布的均值向量可表示为：

$$\mu_e = \frac{\sum_{(w,n)\in Profile(e)} \omega \times n}{\sum_{(w,n)\in Profile(e)} n} \qquad (4-5)$$

类似地，协方差矩阵 Σ_e 可表示为：

$$\Sigma_e = \frac{\sum_{(w,n)\in Profile(e)}^{b} (\omega - \mu_e)(\omega - \mu_e)^T \times n}{\sum_{(w,n)\in Profile(e)} n} \qquad (4-6)$$

ICWSL 通过可比较实体文档的高斯分布的相似性，衡量候选实体与目标实体间的语义相似度。对于一个候选实体 e_i^{cand}，其与目标实体 e_f 间的语义相似度定义为两个实体文档高斯分布均值向量的余弦距离。令 $Profile(e_f)$ 和 $Profile(e_i^{cand})$ 多维高斯分布的均值向量分别为 $\mu_{e_f} = (u_{e_f,1}, u_{e_f,2}, \cdots, u_{e_f,d})$ 和 $\mu_{e_i^{cand}} = (u_{e_i^{cand},1}, u_{e_i^{cand},2}, \cdots, u_{e_i^{cand},d})$，两个实体间的语义相似度可表示为：

$$sim(e_i^{cand}) = \frac{\mu_{e_f} \times \mu_{e_i^{cand}}}{|\mu_{e_f}||\mu_{e_i^{cand}}|} = \frac{\sum_{s=1}^{d} u_{e_f,s} \times u_{e_i^{cand},s}}{\sqrt{\sum_{s=1}^{d} u_{e_f,s}^2} \times \sqrt{\sum_{s=1}^{d} u_{e_i^{cand},s}^2}} \qquad (4-7)$$

其中，d 为实体文档多元高斯分布的维度。ICWSL 仅保留语义相似度排名较高的实体组成 e_f 的竞争者集合，表示为 $E^{comp} = \{e_1^{comp}, e_2^{comp}, \cdots, e_{ncomp}^{comp}\}$，其中 $ncomp$ 表示决策者希望了解的竞争者数量，在后续数据实验中将选取相似度排名前 20 的实体组成竞争者集合。关于竞争者集合规模的选择及其影响,将在 4.5.3 节进行详细讨论。

4.3 方法示例

本节通过一个具体的例子详细介绍 ICWSL 方法识别竞争者的过程,从百度营销收集网络搜索日志数据,利用 ICWSL 方法为"澳优"这一目标实体识别竞争者。

ICWSL 首先从网络搜索日志中提取与"澳优"具有直接关联的关键词,如图 4-2 所示。受篇幅的限制,图中仅展示部分关键词。关键词"牛奶""一段""官网""图片"与"澳优"的共同搜索次数分别为 1 451、4、40 和 6,包含"澳优""奶粉""一段""官网""图片"的查询总次数分别为 2 399、88 406、2 024、181 925、101 077。因此,基于式(4-1),"奶粉"和"官网"的 PMI 值分别为:

$$PMI(奶粉)=\frac{n(澳优,奶粉)}{n(澳优)n(奶粉)}=\frac{1\,451}{2\,399\times 88\,406}$$
$$=6.841\times 10^{-6} \qquad (4-8)$$

$$PMI(官网)=\frac{n(澳优,官网)}{n(澳优)n(官网)}=\frac{40}{2\,399\times 181\,925}$$
$$=9.165\times 10^{-8} \qquad (4-9)$$

同理,PMI(一段)和 PMI(图片)分别为 8.238×10^{-7} 和 2.474×10^{-8}。基于 PMI 值对直接关联关键词进行排序,"奶粉""一段"和其他排名前 30 的关键词被选为中间词集合。与这些能够描述"澳优"关键属性的中间词相比,"官网""图片"和"澳优"之间的相关性较低,因此从中间词集合中剔除。

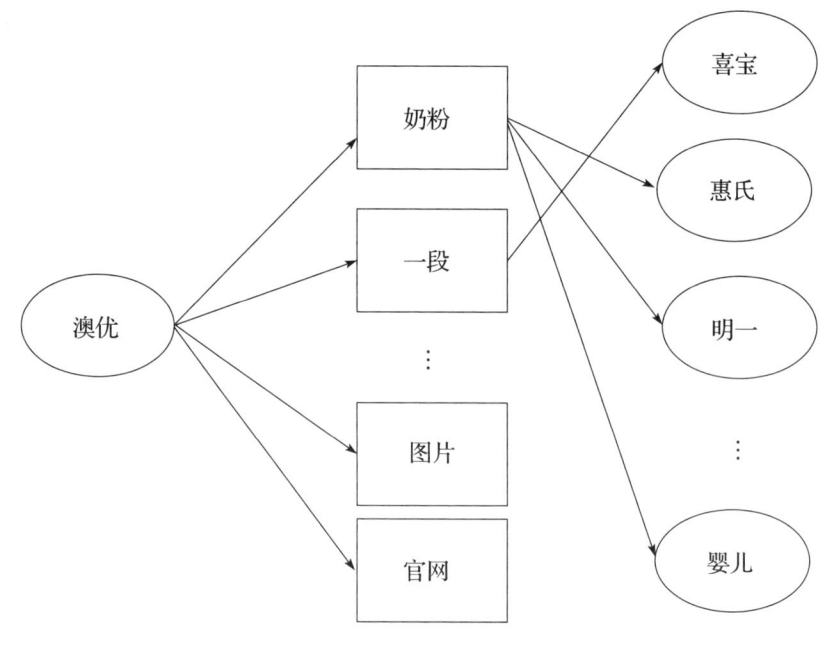

图 4-2 ICWSL 竞争者识别示例

通过中间词的传递作用，方法利用类似"澳优"→"一段"→"喜宝"的间接关联寻找竞争者。基于筛选出的 30 个中间词，ICWSL 进一步从搜索日志中提取 1 300 个与中间词直接关联的关键词，作为识别竞争者的候选实体，部分实体如图 4-2 所示。

对每个候选实体，汇总与其直接关联的关键词和共同搜索次数构建实体文档。例如，"喜宝"的实体文档为 $Profile$（喜宝）={（奶粉，1 500），（益生菌，60），…，（德国，90）}，该文档能从不同角度描述"喜宝"的特征。收集每个候选实体在百度中的前 100 个搜索结果，收集对应的百科数据，作为训练语料训练 Word2vec 模型，将实体文档中每个关键词表示为 100 维的词向量，估计候选实体文档的多维高斯分布。例如，"喜宝"实体文档高斯分布的均值向量为 $\mu_{喜宝}$ =（-0.801 4，0.584 8，…，-0.176 8，-0.306 9），该向量基于实体文档中关键词的词向量汇总得到，可综合表示"喜宝"的真实含义。

通过计算向量相似度，比较"澳优"和候选实体的文档语义相似性，识别与"澳优"在功能特征等方面相似的竞争者。例如"澳优"和"喜宝"的语义相似性为：

$$sim(喜宝)=\frac{\mu_{澳优} \times \mu_{喜宝}}{|\mu_{澳优}| \times |\mu_{喜宝}|}=0.8334 \quad (4-10)$$

同理，"惠氏""明一""婴儿"与"澳优"的语义相似性得分分别为 0.813 6、0.885 0 和 0.479 7。与其他候选实体相比，"婴儿"与"澳优"的相似性较小，因此被识别为噪声，从可比较实体识别结果中剔除。相比之下，"喜宝""惠氏""明一"被 ICWSL 识别为可比较实体。在排名前 20 的竞争者识别结果中，19 个为有效的竞争者，包括"阿尔乐""美纳多""贝智康""明一""飞鹤""德运""纽贝滋""可瑞康""多美滋""迈高""圣元""喜安智""启赋""美赞臣""君乐宝""雅士利""纽康特""亲护""雅培"。企业管理者可继续分析识别结果中的竞争者，明确"澳优"与其相比的优劣势，进而确定市场定位、营销策略或定价策略等。消费者则可以搜索并比较"澳优"及其竞争者的价格、奶源、成分等，在此基础上做出合理的购买决策，选择最能满足自己需求的产品。

4.4 算法与效率分析

本节将介绍 ICWSL 的算法细节并分析算法的计算复杂度，讨论并比较在不同数据规模下 ICWSL 方法和现有竞争者识别方法在计算时间和计算效率上的差异。ICWSL 的计算细节如算法 2 所示。

算法 2：ICWSL 算法

输入：目标实体 e_f，竞争者数量 $ncomp$，某百科数据，网络搜索日志集合 Q；
输出：竞争者集合 $E^{comp} = \{e_1^{comp}, e_2^{comp}, \cdots, e_{ncomp}^{comp}\}$
开始：
/* 数据预处理 */
1. $Preprocessing(Q)$
/* 初始化 */
2. $HMap = \Phi$；$E^{cand} = \Phi$；$Qcorp = \Phi$
/* 候选实体提取 */
3. **for** $q \in Q$ **do**
4. $Update\_HMap(q, HMap)$
5. **end for**
6. $Keyword = Generate\_set(e_f, HMap)$
7. **for** $k \in Keyword$ **do**
8. $PMI(k) = Calculate\_PMI(e_f, k, HMap)$
9. **end for**
10. $InterK = Generate\_rank(PMI, Keyword)$
11. **for** $m \in InterK$ **do**
12. $E^{cand} = Update\_candidate(m, HMap)$
13. **end for**
14. $E^{cand} = Normalize(E^{cand})$
/* 基于主题信息的关键词推荐 */
15. $Profile(e_f) = Generate\_profile(e_f, HMap)$
16. **for** $e_i^{cand} \in E^{cand}$ **do**
17. $Profile(e_i^{cand}) = Generate\_profile(e_i^{cand}, HMap)$
18. $Qcorp = Qcorp + search\_rsult(e_i^{cand})$
19. **end for**
20. $Qcorp = Qcorp + Wiki$
21. $M = Word2vec(Qcorp)$
22. $D_f = Generate\_distribution(M, Profile(e_f))$
23. **for** $e_i^{cand} \in E^{cand}$ **do**
24. $D_i = Generate\_distribution(M, Profile(e_i^{cand}))$
25. $sim(e_i^{cand}) = Similarity(D_i, D_f)$
26. **end for**
27. $E^{comp} = Generate\_rank(sim, E^{cand}, ncomp)$
28. $OutPut(E^{comp})$

在方法第一阶段，即获取候选实体阶段，使用两个嵌套的迭代，在外层迭代中寻找与 e_f 直接关联的中间词，在内层迭代中寻找与中间词直接关联、与 e_f 间接关联的候选实体。假设网络搜索日志集合 Q 中有 NQ 条记录,进行迭代生成候选实体的时间复杂度为 $O(NQ^2)$。对数据规模庞大的网络搜索日志而言,该过程消耗大量时间。因此在 ICWSL 中,HashMap 数据结构被用于在网络搜索日志集合 Q 中遍历,存储各关键词间的直接关联关系(算法第 3~5 行),此过程的时间复杂度为 $O(NQ)$,表示该步骤的计算时间与 NQ 线性相关。通过 HashMap,可以 $O(1)$(算法第 6 行)的复杂度获取与目标实体直接关联的候选实体,假设目标实体在集合 Q 中平均有 NA 个直接关联关键词,从 HashMap 中计算直接关联关键词 PMI 指标的时间复杂度为 $O(NA)$(算法第 7~10 行)。同时,假设将 PMI 结果中排名前 NB 的关键词选为中间词,则生成候选实体集合并归一化的时间复杂度为 $O(NB+ncand)$(算法第 11~14 行),其中 $ncand$ 为提取的候选实体数量。因此,ICWSL 第一阶段时间复杂度为 $O(NQ+NA+NB+ncand+1)$,第一阶段计算复杂度与四个集合基数(NQ,NA,NB 和 $ncand$)的组合线性相关。

在方法第二阶段中,构建目标实体及候选实体的实体文档(算法第 15~17 行)的时间复杂度为 $O(ncand+1)$。假设选取每个候选实体在搜索引擎中的前 m 个结果用于训练 Word2vec 模型,则此过程的时间复杂度为 $O(m \times ncand+1)$(算法第 18~20 行)。训练 Word2vec 模型并生成每个候选实体文档多维高斯分布的时间复杂度为 $O(NT \times W + NT \times \log_2 V + ncand)$(Mikolov 等,2013)(算法第 21~24 行),其中 NT 表示词向量的维度,W 表示模型训练过程中的窗口大小,V 表示 Word2vec 训练集中词汇的数量。基于每个候选实体的高斯分布,计算实体语义相似度并识别竞争者的时间复杂度为 $O(ncand)$(算法第 25~27 行)。

综上所述,ICWSL 方法的计算复杂度为 $O(NQ+NA+NB+(m+4)ncand+NT \times W+NT \times \log_2 V+3)$,当训练数据规模很大时,$m$,

W,$ncand$,$NT \ll V$。因此,在处理大规模网络搜索日志数据时,Word2vec 训练集的规模是影响 ICWSL 计算时间的主要影响因素,用户可通过改变 Word2vec 模型训练集的大小来调整方法的运行时间。

为验证 ICWSL 的计算效率,本节将进行两个计算实验。首先,记录并比较 ICWSL 方法和基准方法为 30 个目标实体识别竞争者所需的运行时间。实验中使用的基准方法为现有的前沿竞争者识别方法,在 4.5.3 节将对基准方法进行详细介绍。其次,实验从原始网络搜索日志以及百科数据中随机抽取 20%、40%、60%、80% 和 100% 的数据构成实验数据,在不同规模的实验数据集上分别运行 ICWSL 方法,并记录 ICWSL 为 30 个目标实体识别竞争者所需的时间。所有的计算实验均在拥有 16 核 Xeon Platinum 8000 系列处理器以及 30G 内存的网络服务器上运行。两个实验的结果分别如表 4-2 和图 4-3 所示。

表 4-2　ICWSL 及基准方法识别竞争者的运行时间

	ICWSL	CoCI	TFGM	Logistic	CMiner
运行时间(秒)	33 820.82	12 234.24	12 125.37	12 329.32	11 980.23

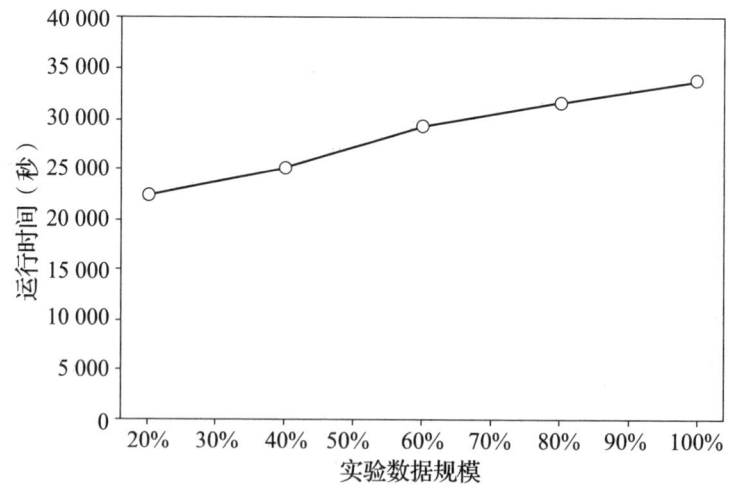

图 4-3　不同数据规模下 ICWSL 的运行时间

如表 4-2 中的计算时间所示，ICWSL 的计算效率比 CoCI、TFGM、Logistic 和 CMiner 低，因为这些基准方法用于训练相对简单的机器学习模型（TFGM 和 Logistic），或是在搜索引擎数据中迭代次数较少的数据挖掘模型（CoCI 和 CMiner）。相比之下，ICWSL 包含一个深度学习模型，训练中需要大量的参数更新，因此需要花费更多时间。从表 4-2 中的计算时间结果能得出两点结论：一是，虽然 ICWSL 比其他方法需要更多的计算时间，但结合后续 4.5.3 节竞争者识别实验的结果可知，ICWSL 能识别更准确和更广泛的竞争者，花费额外的计算时间是有效的。二是，作为一个可离线运行的任务，竞争者识别的运行时间在实际应用中并不敏感，因此在离线环境中应用 ICWSL 方法时，表 4-2 中的计算时间是可接受的。

ICWSL 在不同规模的实验数据集上的运行时间如图 4-3 所示。当实验数据集增大时，ICWSL 的计算时间呈现上升趋势，如上文所述，ICWSL 的计算效率主要取决于 Word2vec 模型的运行时间。随着网络搜索日志数据量的增加，更多候选实体从网络搜索日志中被提取，因此 Word2vec 的训练语料中包含了更多的搜索引擎结果。此外，当数据增加时，Word2vec 模型的训练语料大小也会增加。这两个因素导致 Word2vec 模型中包含的词汇量增加，进而导致 ICWSL 的运行时间增加，这与上文对于 ICWSL 计算复杂度的理论分析一致。

4.5 数据实验

本节通过一系列数据实验验证 ICWSL 的有效性，主要从以下三个问题反映 ICWS 识别竞争者的效果：

- 问题 1：ICWSL 中使用的参数如何影响其识别竞争者的有效性？

- 问题2：与现有竞争者识别方法相比，ICWSL在竞争者识别的准确性和全面性上表现如何？
- 问题3：ICWSL在竞争者排序方面表现如何？

问题1旨在对ICWSL中使用参数的影响进行验证和讨论，并说明应如何选择合适的参数。问题2验证ICWSL的竞争者识别结果质量，并验证与现有方法相比其在竞争者识别有效性上的提升。问题3衡量与现有方法相比，ICWSL能否提供更加准确可靠的竞争者排序。问题1、问题2、问题3的实验过程及实验结果将分别在4.5.2节、4.5.3节以及4.5.4节中介绍。

4.5.1 数据描述

本节将从百度营销[①]收集的网络搜索日志作为实验数据源。百度营销是针对搜索引擎广告的关键词工具，可下载百度中用户的网络搜索日志，包括用户搜索使用的查询关键词，特定时间段内每个查询的搜索量，以及每个查询关键词在搜索引擎广告中的目标价格。百度营销等关键词工具为广告主提供了获取特定搜索日志的途径，常被用于网络搜索日志分析等相关研究（Wei等，2016）。

本实验从淘宝网的主流产品和服务类别中选择了30个不同领域的产品作为目标实体，使用不同方法为其识别竞争者，如表4-3所示。对每个目标实体，下载包含目标实体及其直接、间接关联关键词的网络搜索日志，平均而言，每个目标实体收集了18 411条网络搜索日志。使用中文分词工具Jieba（Liu等，2019）对语料进行分词，根据上下文将词语序列切分为若干最合适的单元，而后将代词、介词、连词等停用词从

---

① http://e.baidu.com/.

搜索词中剔除，仅保留有意义的实词。此外，实验从该百科开源网站下载数据用作 Word2vec 的训练语料。

表 4-3 基于用户间接比较的竞争者识别方法实验的目标实体

序号	目标实体	序号	目标实体	序号	目标实体
1	澳优	11	格兰仕	21	尼康
2	白沙溪	12	格力	22	飞利浦
3	宝马	13	海信	23	飘柔
4	波司登	14	红豆	24	报喜鸟
5	南方	15	如家	25	索尼
6	戴尔	16	强生	26	天梭
7	迪奥	17	鲁花	27	东芝
8	德芙	18	晨光	28	天天
9	永久	19	美即	29	维达
10	富安娜	20	耐克	30	尤尼克斯

在候选实体识别阶段，ICWSL 首先提取与每个目标实体直接关联的关键词。现有基于用户生成内容的研究表明，每个实体平均拥有 20～30 个有效的关联领域。因此在实验中选取 PMI 度量排名前 30 的关键词作为中间词，生成候选实体集合。之后通过该百科中的锚文本归并候选实体。为保证归并准确性，对归一化结果进行检查，发现少量实体的昵称无法通过该百科数据归并，需要人工合并。平均而言，每个目标实体有 7 个实体表达需要手动归一化，占全部候选实体的 0.65%。

在竞争者识别阶段，实验使用该百科数据训练 Word2vec 模型，由于一些新实体在该百科中可能存在更新延迟的问题，因此将每个候选实体在百度中的前 100 个搜索结果也加入 Word2vec 的训练数据。在实验中，Word2vec 的训练语料由 301 734 个该百科文档以及 33 840 个百度搜索结果文档构成。与对网络搜索日志的预处理相同，使用 Jieba 对

Word2vec 训练集中的文本进行分词并删除停用词，处理后的训练语料包含 1 019 360 个不同的关键词。在训练好的 Word2vec 模型中，候选实体文档中的每个关键词被表示为 100 维的词向量，候选实体文档通过多元高斯分布表示为 100 维的均值向量，由此计算候选实体和目标实体的语义相似度，语义相似度排名前 20 的候选实体被识别为竞争者。

4.5.2 参数实验

本节验证 ICWSL 中参数对其识别竞争者有效性的影响，实验中所用的查准率测度将在 4.5.3 节中介绍。首先，实验测试用于训练 Word2vec 的搜索引擎返回结果数量如何影响 ICWSL 的有效性。实验分别使用不包含搜索引擎结果，以及包含各候选实体前 25、前 50、前 75、前 100、前 125 和前 150 个搜索引擎结果的训练数据训练不同的 Word2vec 模型，基于每个 Word2vec 模型获取实体文档中关键词的向量表示，估计实体文档的多元高斯分布，在此基础上识别 30 个目标实体的竞争者。图 4-4 显示了当 Word2vec 训练集中包含不同数量的搜索引擎结果时，竞争者识别结果的平均查准率。

由查准率结果可知，引入搜索引擎结果训练 Word2vec 模型能够提高竞争者识别的准确性。搜索引擎结果提供了更多关于实体的信息，尤其对于在该百科数据中未被提及的新实体。同时，结果表明，竞争者识别的查准率在搜索引擎数量为 100 处发生了转折，说明在本节实验环境下，100 是在 Word2vec 模型训练集中最合适的搜索引擎结果数。从 25 到 100，随着训练集中搜索结果数量的增加，对候选实体的描述更加丰富和完整。但当训练集中搜索引擎结果数量超过 100 时，在训练集中增加更多的搜索结果会引入噪声并降低词向量表示的准确性。因此，本节

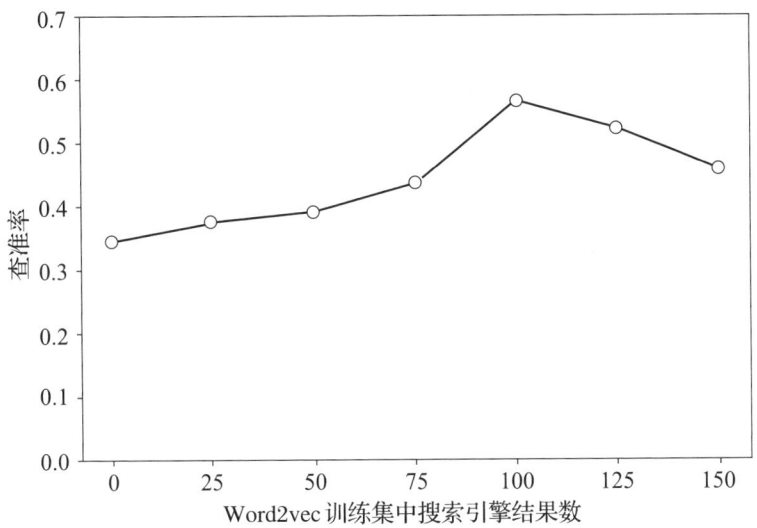

图 4-4 Word2vec 训练集中包含的搜索引擎结果数量的影响

的后续实验将收集候选实体的前 100 个搜索引擎结果,作为 Word2vec 模型训练集的一部分。

此外,实验验证了训练的 Word2vec 模型的维度大小对方法有效性的影响。将模型维度分别设置为 50、75、100、125、150、175 和 200,分别训练不同的 Word2vec 模型,并使用不同维度的词向量分别估计候选实体文档的多元高斯分布,计算语义相似程度识别可比较实体。在实验中,使用 Jaccard 系数衡量不同维度下竞争者识别结果之间的差异,具体而言,假设使用 p 维和 q 维词向量表示获取的竞争实体识别结果分别为 E_p^{comp} 和 E_q^{comp},则两个识别结果间的 Jaccard 系数为:

$$J(E_p^{comp}, E_q^{comp}) = \frac{|E_p^{comp} \bigcap E_q^{comp}|}{|E_p^{comp} \bigcup E_q^{comp}|} \quad (4-11)$$

Jaccard 系数越大,说明两个竞争者识别结果的重叠程度越高。不同词向量维度下生成的 30 个目标实体的竞争者结果间的 Jaccard 系数均值如表 4-4 所示。从 Jaccard 系数结果可看出，无论 Word2vec 模型中使用的词向量维度大小，识别出的竞争者结果无较大差异，说明词向量的维度变化对 ICWSL 效果的影响不大。根据 4.4 节中对 ICWSL 计算复杂度的理论分析，更大的词向量表示维度会增加计算时间，因此本节实验选择一个较为常见的维度 100 作为 Word2vec 模型的维度，以控制计算成本。

表 4-4　不同词向量维度下竞争者识别结果间 Jaccard 系数均值

	50	75	100	125	150	175	200
50	1.000	0.880	0.844	0.852	0.868	0.850	0.874
75	0.880	1.000	0.860	0.862	0.874	0.852	0.866
100	0.844	0.860	1.000	0.853	0.874	0.844	0.861
125	0.852	0.862	0.853	1.000	0.865	0.869	0.858
150	0.868	0.874	0.874	0.865	1.000	0.870	0.858
175	0.850	0.852	0.844	0.869	0.870	1.000	0.857
200	0.874	0.866	0.861	0.858	0.858	0.857	1.000

4.5.3　竞争者识别实验

本节将验证 ICWSL 方法识别竞争者的有效性，并比较其与现有方法的效果提升。在本节实验中，选取四种不同类型的竞争者识别前沿方法作为基准方法，用于比较 ICWSL 与已有竞争者识别方法的性能差异。

第一种基准方法是基于直接比较的竞争者识别方法（Bao 等，2008；Li 等，2013），命名为 CoCI。此类方法认为竞争者在比较性语句中共同出现。现有基于直接比较的方法大多通过预先定义的模式识别竞争者，因此，实验使用三种共现模式，即＜＄E/NN 和＄E/NN＞，＜＄E/NN 或＄E/NN＞和＜＄E/NN 比＄E/NN＞作为初始模式，从网络搜索日志中循环识别竞争者直至收敛。

第二种基准方法是 Yang 等（2012）提出的基于生成模型的竞争关系挖掘方法 TFGM，该方法通过网络搜索日志训练一个话题模型，并基于实体在话题上的相似度识别竞争者。

第三种基准方法是基于有监督学习的竞争关系挖掘方法，将实体间的竞争关系挖掘视为分类任务，参考 Pant 和 Sheng（2015）提出的实验方法，从网络搜索日志中构建关键词连接网络，在此基础上计算链入相似度、链出相似度和文本相似度作为分类属性。人工标注 5 000 个实体对作为训练集训练分类模型，对实体间是否存在竞争关系进行分类。之后将训练好的 Logistic 模型应用于 ICWSL 方法为目标实体识别出的候选实体集合上，对其间的关系进行分类。

第四种基准方法是名为 CMiner 的竞争程度分析方法（Valkanas 等，2017）。该方法将与实体在网络搜索日志中具有直接关联的关键词作为实体特征，根据目标实体与候选实体在特征上的重叠程度计算实体间的竞争程度，进而识别竞争者。

此外，现有基于深度学习的竞争者识别方法利用 LSTM 等序列标注模型从比较性语句序列中识别竞争者。但是，由于大部分网络搜索日志文本不是完整句子，且文本长度较短，难以实现序列模型的训练和应用，因此本节实验未选择深度学习模型作为基准方法。

1. 评测数据与测度

实验选取每种竞争者识别方法生成的前 20 个竞争者作为识别结果，用于比较各方法的效果。根据 TREC 评价方法，实验邀请 15 名专家对目标实体与各方法识别的竞争者之间的关系进行评价。为保证评价质量，邀请的专家均为管理信息系统专业博士生，他们均表示对分配的目标实体相关领域十分熟悉。将方法识别出的每个竞争者与对应的目标实体配对，随机分配给 3 名专家进行评估，15 名专家共对 7 110 个实体对的关系进行评价。对每对实体，询问专家在真实商业环境中两个实体是否具有竞争关系，至少被两名专家标记为有竞争的实体才被视为有效的竞争者。

与本书 3.5.3 节类似，本节的竞争者识别实验选取查准率、查全率、F_1 值和新颖度这四个竞争者识别方法研究中常用的评测指标，从不同角度衡量 ICWSL 的有效性。查准率衡量竞争者识别结果的准确性，方法的查准率越高，说明其结果中有效竞争者数量越多。查全率反映竞争者识别结果的全面性，查全率越高，说明方法能够识别出越多的竞争者。F_1 值同时反映方法的查全率和查准率，能够综合反映方法识别竞争者的效果。新颖度衡量一种方法能否挖掘其他方法难以识别的竞争者，因此能够反映方法的创新性。对于四个评测指标的计算方式，可具体参阅 3.5.3 节的内容。

2. 实验结果

ICWSL 及基准方法识别竞争者的查准率结果如图 4-5 所示，其中每个辐条代表表 4-3 中展示的目标实体。从查准率结果中能够看出，30 个目标实体中，ICWSL 在 19 个目标实体上取得了最高的查准率，并在 2 个目标实体上与其他基准方法共同表现最好。查准率结果表明，ICWSL 与现有方法相比能更准确地识别竞争者，得到一个更可靠的竞争者集合。

各方法为 30 个目标实体识别竞争者的查全率结果如图 4-6 所示，实验结果表明 ICWSL 在 30 个目标实体中的 19 个目标实体上表现最好，并在 2 个目标实体上与其他方法表现相当。查全率结果表明，ICWSL 能比其他四种基准方法识别更广泛的竞争者，帮助决策者更有效地监控动态市场环境中的潜在威胁。

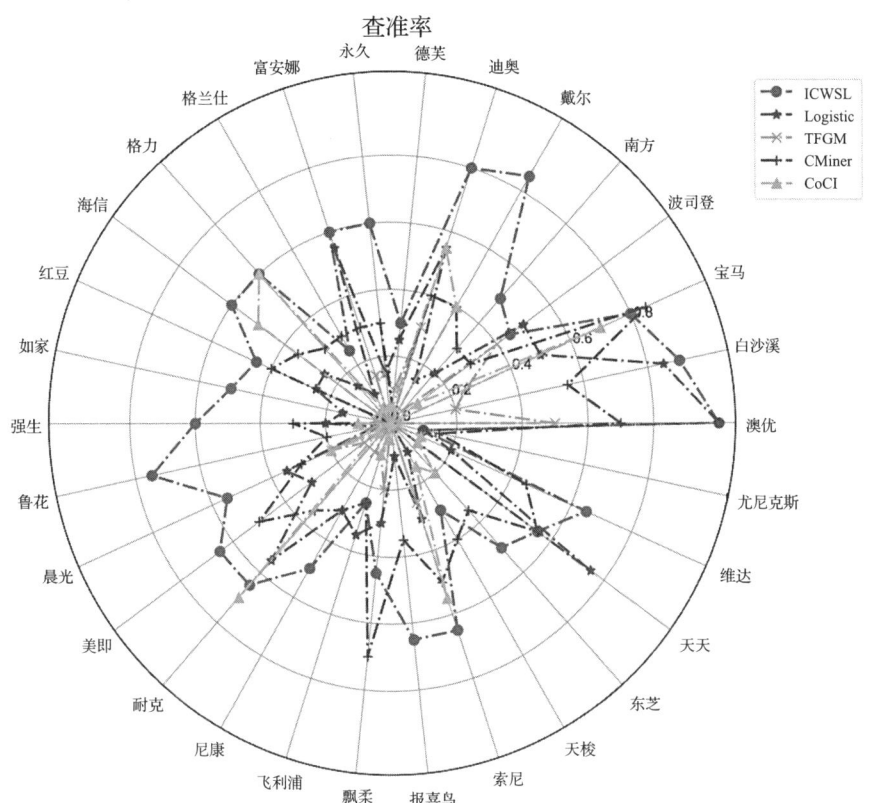

图 4-5 ICWSL 及基准方法的查准率结果

图 4-7 展示了五种竞争者识别方法的 F_1 值结果，与查全率和查准率结果类似，ICWSL 在 19 个目标实体上的竞争者识别结果最优，并在 2 个目标实体上与其他方法同样有效。这说明与现有方法相比，ICWSL 能够更准确、更全面地识别市场中的竞争者，提供有效的竞争者识别结果，支持管理者和消费者决策。

五种竞争者识别方法在 30 个目标实体上的查准率、查全率和 F_1 值结果均值如表 4-5 所示，各评测指标上的最佳结果用粗体显示。各方法

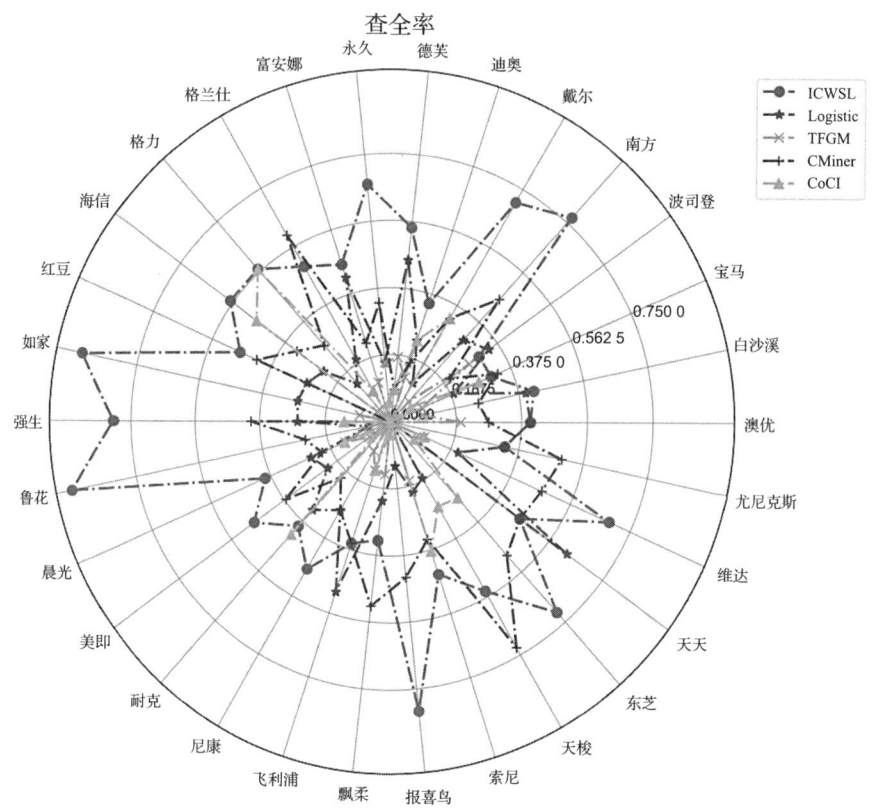

图 4-6　ICWSL 及基准方法的查全率结果

的均值结果表明，ICWSL 在查准率、查全率和 F_1 值上的表现均优于基准方法。与 CoCI、TFGM、Logistic 和 CMiner 相比，ICWSL 将竞争者识别结果查准率分别提升 39.0%、45.2%、24.8% 和 19.5%，将查全率分别提升 39.6%、45.3%、27.1% 和 19.2%。此外，将 ICWSL 与四种基准方法的查准率、查全率和 F_1 值结果进行配对 t 检验，结果如表 4-6 所示。配对检验结果表明，ICWSL 识别竞争者的查准率、查全率和 F_1 值结果均显著优于基准方法。

第 4 章 基于用户间接比较的竞争者识别 / 131

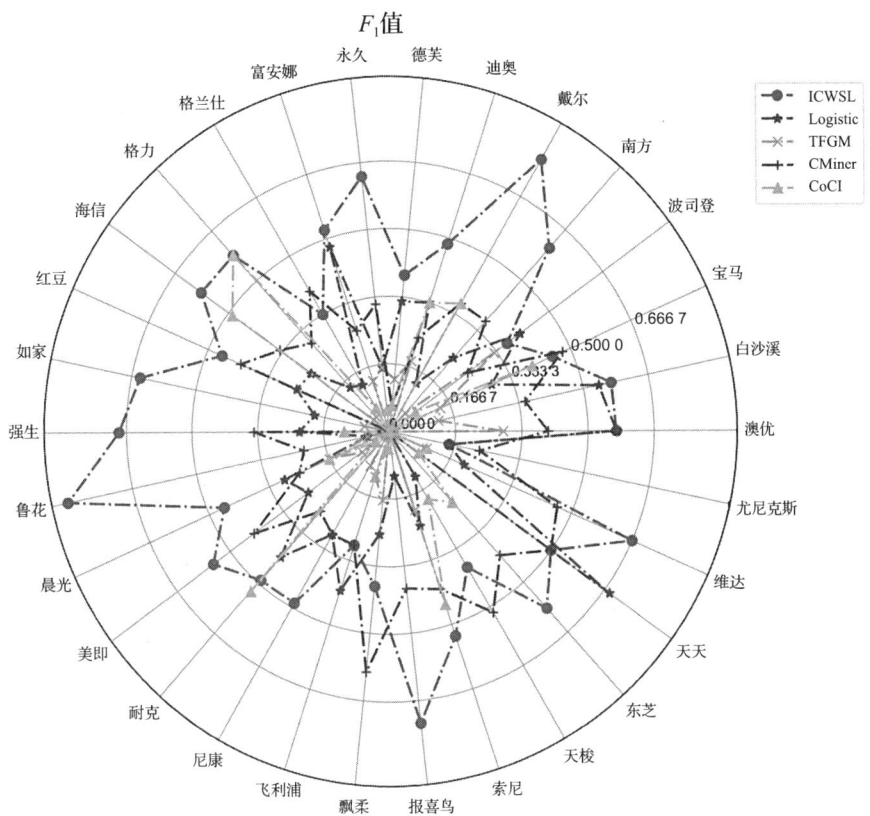

图 4-7 ICWSL 及基准方法的 F_1 值结果

表 4-5 ICWSL 及基准方法的查准率、查全率和 F_1 值的均值

	ICWSL	CoCI	TFGM	Logistic	CMiner
查准率	**0.566 7**	0.176 7	0.115 0	0.318 3	0.371 7
查全率	**0.537 9**	0.141 8	0.085 0	0.266 5	0.346 3
F_1 值	**0.523 7**	0.150 4	0.093 1	0.272 6	0.337 8

表 4-6 ICWSL 与基准方法的配对 t 检验结果

假设	t 统计量	p 值	显著性
ICWSL 的查准率＞CoCI 的查准率	−3.947 6	2.31E−04	
ICWSL 的查全率＞CoCI 的查全率	15.718 7	4.99E−16	＊＊＊

续表

假设	t 统计量	p 值	显著性
ICWSL 的 F_1 值>CoCI 的 F_1 值	13.635 5	1.91E-14	***
ICWSL 的查准率>TFGM 的查准率	3.554 1	6.61E-04	***
ICWSL 的查全率>TFGM 的查全率	3.757 0	3.85E-04	***
ICWSL 的 F_1 值>TFGM 的 F_1 值	3.718 1	4.28E-04	***
ICWSL 的查准率>Logistic 的查准率	15.479 7	7.44E-16	***
ICWSL 的查全率>Logistic 的查全率	16.381 0	1.70E-16	***
ICWSL 的 F_1 值>Logistic 的 F_1 值	16.321 7	1.87E-16	***
ICWSL 的查准率>CMiner 的查准率	7.785 0	6.92E-09	***
ICWSL 的查全率>CMiner 的查全率	7.499 7	1.44E-08	***
ICWSL 的 F_1 值>CMiner 的 F_1 值	7.629 0	1.03E-08	***

此外，ICWSL 在少量目标实体上的竞争者识别表现比 CoCI 和 Logistic 方法差。深入分析后发现，ICWSL 在查准率、查全率、F_1 值上较差的表现均发生在相同的目标实体上。针对这些目标实体进行误差分析，发现 Word2vec 模型的训练集质量不佳是造成 ICWSL 表现不好的主要原因。以"飘柔"这一目标实体为例，利用 Word2vec 模型获取"飘柔"及其候选实体文档的语义表示时，实体文档中有 3 070 个关键词在训练集中出现的频次小于 3。低频词包括："防脱"，这是消费者对于洗发水的需求之一；"酮康唑"，这是一种控制头皮屑的有效成分；"头皮瘙痒"，这是消费者希望通过使用洗发水缓解的症状之一。由于在 Word2vec 模型中的出现频率低，这些关键词无法生成有效的词向量，实体文档的语义分布表示受到影响，基于语义分布计算的语义相似度出现误差。同样，其他在 ICWSL 中表现较差的目标实体也存在相同问题。另一个例子是"波司登"，在"波司登"的实体文档中缺少对 2 102 个关键词的有效语义表示，包括"闺蜜装""无帽""皮袖"等。对于 ICWSL

识别表现较好的目标实体，Word2vec 模型无法生成有效词向量的关键词数量仅为 1 681，对于 ICWSL 表现不佳的目标实体，平均有 1 913 个关键词无法被 Word2vec 模型有效表示，比前者增加了 28%。这些重要实体属性词的表示缺失，降低了基于候选实体分布向量计算语义相似度的准确性，因此影响了 ICWSL 的竞争者识别有效性。

同时，实验还验证了竞争者识别结果中包含的竞争者数量是否会影响 ICWSL 以及基准方法的有效性。令各方法竞争者识别结果中分别包含 1~30 个实体，在不同规模的竞争实体集合上，分别计算 ICWSL 和基准方法的查准率、查全率和 F_1 值。不同规模下 30 个目标实体的查准率、查全率和 F_1 值均值分别如图 4-8、图 4-9 和图 4-10 所示。

由图 4-8 可知，随着识别结果集合规模的增大，识别结果的查准率会降低，因为将更多的实体纳入结果集合的过程中，部分噪声也会被错误地引入结果集合。此外，在不同规模下，ICWSL 的查准率结果均优于其他基准方法，这与上文选择排名前 20 的实体作为识别结果的实验结论一致，说明 ICWSL 能够更准确地识别竞争者。

如图 4-9 所示，各方法的查全率随着识别结果规模的增大而提高，说明扩展最终集合的大小会识别出更多有效的竞争者。在所有方法中，ICWSL 的查全率表现始终优于其他方法，说明与其他基准方法相比，ICWSL 能够识别出更多有效的竞争者。

图 4-10 中的结果表明，在不同竞争者识别结果规模下，ICWSL 的 F_1 值均优于其他基准方法。此外，当最终集合中竞争者的数量小于 20 时，各方法的 F_1 值随着竞争者数量的增加而增加，而当最终集合中竞争者的数量超过 20 时，F_1 值的结果相对稳定。由于 F_1 值是结合查准率和查全率的综合性指标，实验结果说明在本节实验环境下，在竞争者识别结果的大小超过 20 后，查准率和查全率之间能够平衡。

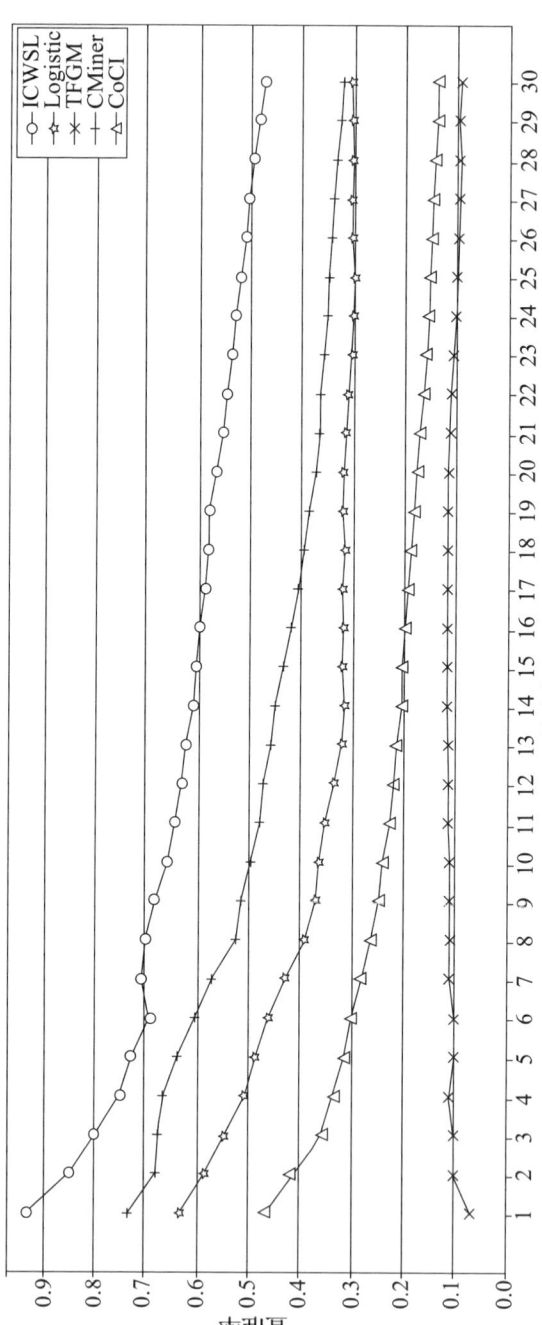

图 4-8 不同竞争者识别结果规模的查准率

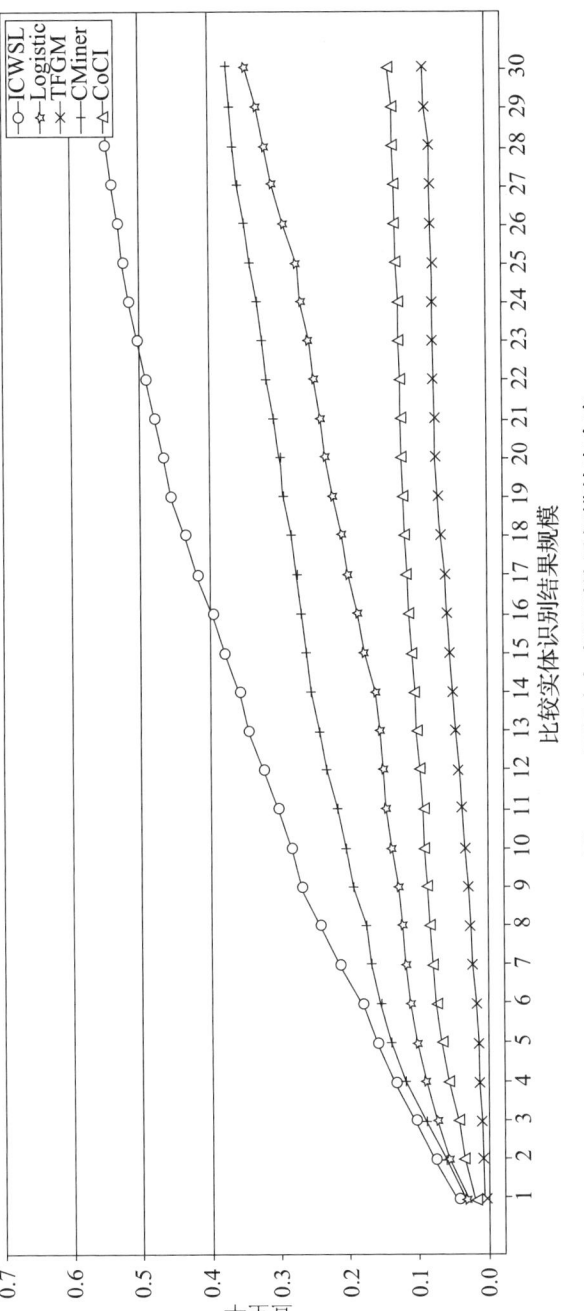

图 4 – 9　不同竞争者识别结果规模的查全率

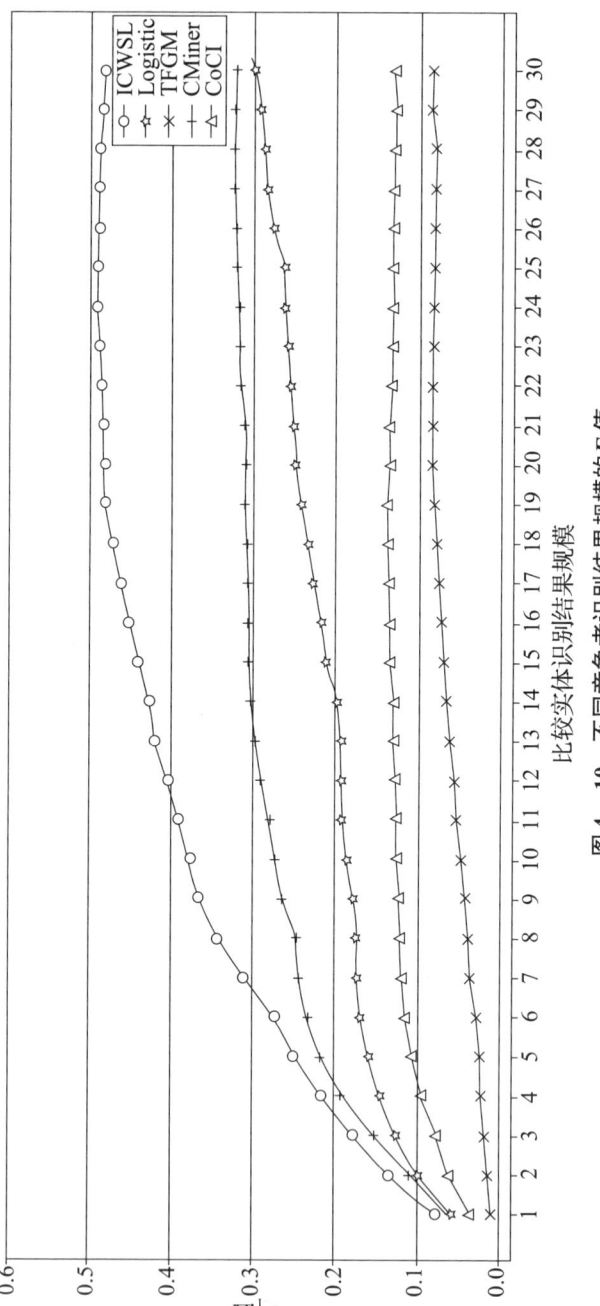

图 4-10 不同竞争者识别结果规模的 F_1 值

最后，本节实验使用新颖度衡量 ICWSL 方法在发现新竞争实体方面的表现，ICWSL 在 30 个目标实体上的新颖度结果如表 4-7 所示。实验结果表明，ICWSL 在大部分目标实体上的新颖度均大于零，表明其能够识别出现有方法无法识别出的竞争者。平均而言，ICWSL 的新颖度为 29%，说明其竞争者识别结果中 29% 的实体不曾被已有方法发现。

表 4-7 ICWSL 的新颖度结果

目标实体序号	新颖度	目标实体序号	新颖度	目标实体序号	新颖度
1	0.30	11	0.10	21	0.40
2	0.55	12	0.30	22	0.15
3	0.40	13	0.30	23	0.20
4	0.20	14	0.30	24	0.40
5	0.15	15	0.35	25	0.25
6	0.40	16	0.30	26	0.05
7	0.50	17	0.55	27	0.20
8	0.20	18	0.40	28	0.20
9	0.30	19	0.40	29	0.25
10	0.30	20	0.30	30	0.00

均值：0.29

综合上述实验结果，能够得出以下结论：

● 对于查准率、查全率以及 F_1 值指标，ICWSL 方法能够实现比基准方法更好的结果，表明 ICWSL 能够更准确、更全面地识别竞争者，为管理者和消费者提供准确可靠的决策支持。

● 对于新颖度指标，除了其他四种基准方法识别的竞争者外，ICWSL 还可额外提供新竞争者，这些新竞争者可帮助管理者和消费者扩大决策视野范围。

4.5.4 竞争者排序实验

本节旨在验证 ICWSL 方法生成竞争者排序的有效性,并比较其与现有竞争程度分析方法在竞争者排序方面的效果。本节选取两种竞争程度分析前沿方法作为实验的基准方法。

首先,选取 Wei 等(2016)研究中提出的 BCQ,根据 BCQ 方法框架,实验将与实体共同搜索的关键词作为中间词构建二部图,根据实体在二部图上的连接概率,衡量实体间的竞争程度。

其次,选取 Valkanas 等(2017)提出的 CMiner 作为基准方法,该方法通过实体在特征空间上的重叠衡量竞争程度。实验将与每个实体具有直接关联关系的关键词作为实体特征,进而计算实体在特征空间上的重叠程度,将其作为竞争程度分析结果。

1. 评测数据与测度

如前所述,实体在搜索引擎中的共同搜索次数可作为实体间竞争程度的外部度量,因此,在本节实验中,对于每个目标实体 e_f 和 ICWSL 识别的竞争者 e_i^{comp},使用查询词"e_f 和 e_i^{comp}"在百度中进行搜索,记录返回的网页数量,同时收集单独搜索"e_f"和"e_i^{comp}"返回的网络数量,用以消除单个实体流行度的影响。实验使用式(3-19)计算 e_f 和 e_i^{comp} 间的基准竞争程度,根据基准竞争程度对竞争者进行排序。

同时,若一种竞争程度分析方法足够有效,基于方法计算出竞争程度生成的竞争者排序应与基于外部度量生成的基准排序一致。因此,本节使用 nDCG 衡量不同方法得出的排序结果与基准排序的一致程度,以反映方法的有效性。为避免重复,nDCG 的计算方法详见式(3-20)和式（3-21）。

此外，为了更细粒度地衡量 ICWSL 方法排名结果的有效性，本节还设计了用户实验。基于4.5.3节实验的竞争者标注结果，实验另外邀请10名专家对竞争者之间的竞争程度进行评分。具体而言，将4.5.3节中用户标注为有效竞争者的实体与目标实体配对，对每对竞争者，要求专家对实体间的竞争程度类型从1到3进行标注，其中1代表实体强烈竞争，3代表实体微弱竞争。将每个竞争者对随机分配给3名专家，只有被多数用户标记为强烈竞争的竞争者才被视为关键竞争者，即它们与目标实体间具有很强的竞争性，应在决策过程中被重点关注和考虑。

在此部分实验中，使用衡量排序有效性的常用指标 precision@k 度量每种方法的有效性（Lo 等，2016）。给定一种目标方法 P_t，将由 P_t 生成排名前 k 的竞争者表示为 E_{tk}^{comp}。KE_{tk}^{comp} 为 E_{tk}^{comp} 的子集，表示排名前 k 的竞争者中关键竞争者的集合。在实验中，precision@k 定义排名前 k 的竞争者中关键竞争者的比例，可表示为：

$$Precision@k(P_t) = \frac{|KE_{tk}^{comp}|}{k} \qquad (4-12)$$

其中，$|KE_{tk}^{comp}|$ 表示 KE_{tk}^{comp} 的基数。一种方法的 precision@k 越大，说明越多的关键竞争者在排序结果中获得高排名，计算得到的竞争者排序结果更加有效。在此部分实验中，k 分别设置成 5、10、15、20。

2. 实验结果

ICWSL 和基准方法的 nDCG 结果如表 4-8 所示，其中每个实体的最佳结果用粗体表示。

表 4-8 ICWSL 及基准方法的 nDCG 结果

目标实体序号	ICWSL	CMiner	BCQ	目标实体序号	ICWSL	CMiner	BCQ
1	**0.442 3**	0.176 7	0.178 5	16	**0.506 7**	0.335 0	0.178 6
2	0.475 2	**0.599 1**	0.518 8	17	**0.608 8**	0.332 1	0.208 0
3	**0.421 6**	0.260 7	0.397 1	18	0.440 2	**0.583 4**	0.323 7
4	0.556 4	**0.601 6**	0.404 6	19	**0.837 6**	0.527 5	0.558 2
5	**0.401 8**	0.374 8	0.238 0	20	0.391 8	**0.504 5**	0.223 5
6	0.524 7	**0.735 3**	0.242 3	21	**0.440 8**	0.310 8	0.253 3
7	**0.441 2**	0.253 4	0.247 7	22	**0.561 1**	0.415 3	0.224 9
8	**0.529 3**	0.338 2	0.435 1	23	**0.445 8**	0.411 5	0.210 6
9	**0.638 0**	0.280 9	0.228 0	24	0.624 0	**0.972 7**	0.174 3
10	0.710 0	0.348 9	**0.824 4**	25	**0.320 8**	0.305 5	0.197 8
11	**0.267 9**	0.203 6	0.155 0	26	0.544 2	**0.838 0**	0.294 1
12	0.605 7	**0.639 8**	0.304 0	27	**0.416 4**	0.246 4	0.190 2
13	0.432 7	**0.561 1**	0.352 7	28	0.622 4	**0.646 8**	0.229 8
14	**0.379 7**	0.296 2	0.168 1	29	**0.457 4**	0.199 7	0.195 9
15	**0.560 8**	0.235 5	0.199 3	30	0.508 6	**0.554 6**	0.220 2
均值		ICWSL：0.503 8			CMiner：0.436 3		BCQ：0.285 9

从实验结果可知，就竞争者排序的准确性而言，ICWSL 在大多数情况下优于其他两种基准方法，并在 18 个目标实体上取得最佳的 nDCG 值。在三种方法中，ICWSL 拥有最大的 nDCG 均值，表明其竞争者排序结果与基准排序更加一致，能够提供更准确可靠的竞争者排序。

三种方法的 precision@k 的结果如图 4-11 所示，在每个子图中，横轴表示 k 值，纵轴表示 precision@k 的结果。受篇幅限制，从全部目标实体中随机选取 6 个实体，展示三种方法的 precision@k 结果，并在最下方展示各方法在 30 个目标实体上的 precision@k 均值。从图中能够看出，随着 k 值增大，三种方法的 precision@k 值均呈现下降趋势，一方面说明所有方法都能够将关键竞争者排在结果中靠前的位置，另一方面说明在排名靠后的位置上会出现非关键竞争者。同时，在不同的 k 值上 ICWSL 均具有最高的 precision@k 结果，说明与基准方法相比，ICWSL 能够将更多的关键竞争者排在前面，因此能提供更准确的竞争者排序。

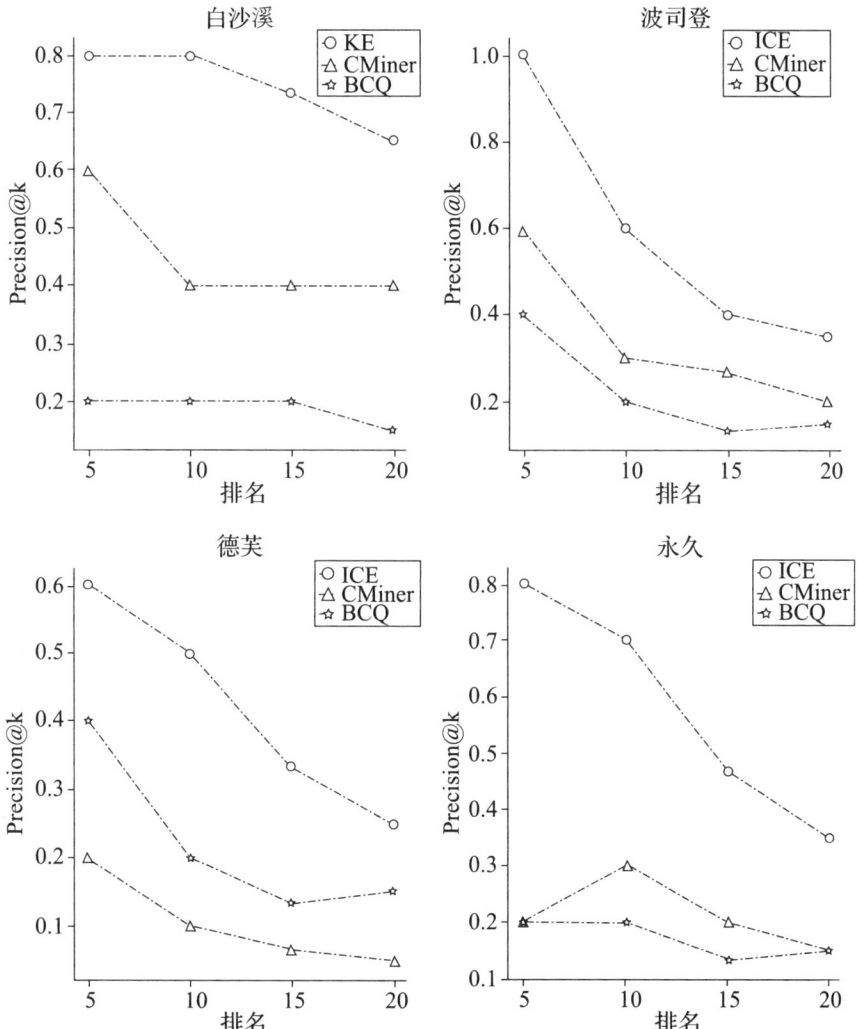

142 / 计算竞争

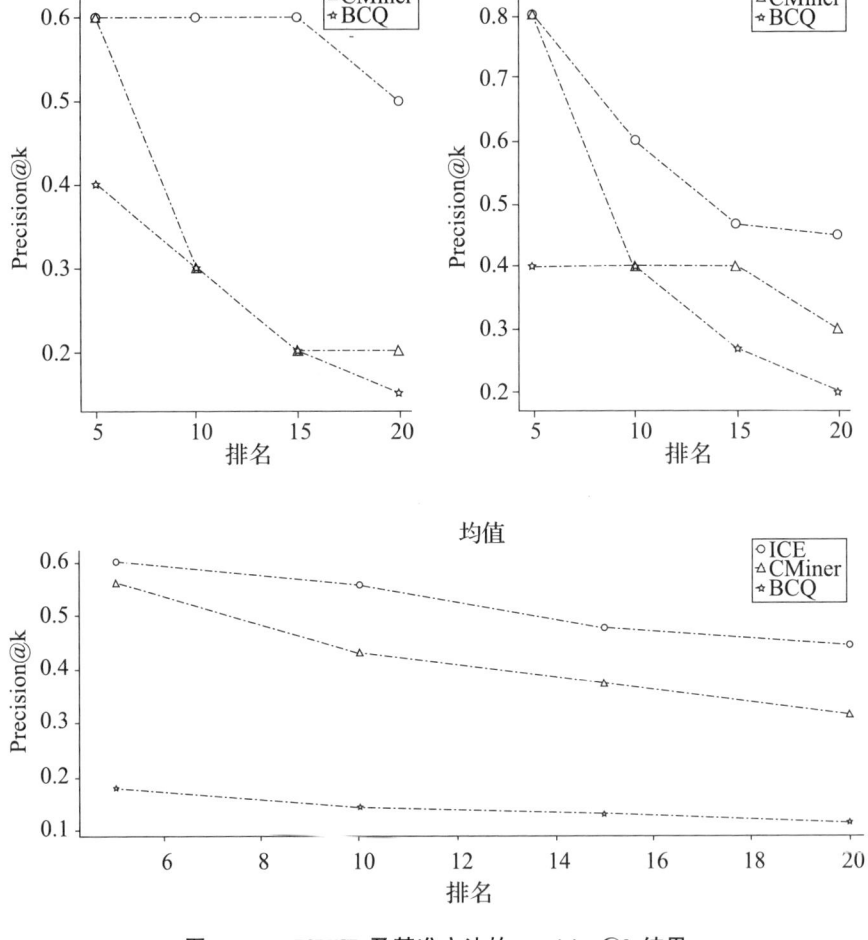

图 4-11 ICWSL 及基准方法的 precision@k 结果

综合本节的实验结果,能够得出如下两个结论:

● 对于 nDCG 而言,ICWSL 在大多数目标实体上表现最佳,且平均 nDCG 值最大,表明 ICWSL 的排序结果与基准排序更加一致,能够提供更可靠的竞争者排序。

● 对于 precision@k 而言,随着 k 值增加,所有方法都呈现出相似的下降趋势。此外,在不同的 k 值上,ICWSL 均有最佳的 precision@k

结果，说明其能够将更多的关键竞争者排在前面。

4.6 方法总结

现有研究均基于竞争者在同一语句中共同出现而构成的直接比较关系识别竞争者，而在网络搜索日志、在线评论、Twitter等用户无直接比较意图的用户生成内容中，竞争者共同出现的频率较小，应用现有方法受到挑战。在此类用户生成内容中，竞争者之间存在大量的间接比较关系，即实体属性作为中间词，将具有竞争关系的实体间接关联起来。随着这种用户无直接比较意图的用户生成内容的增多，间接关联关系成为竞争者识别领域一个不可忽视的新视角。

本章充分利用了实体间间接比较关系，首次刻画并定义了实体间的直接关联和间接关联关系，从设计科学研究范式出发，将网络搜索日志作为具有海量间接比较关系的用户生成内容代表，提出了名为ICWSL的两阶段竞争者识别方法。在第一阶段，根据直接关联和间接关联关系设计有效的候选实体生成方法，每个候选实体均由与目标实体共享的实体属性连接，与目标实体形成间接比较。第二阶段设计基于语义的竞争者识别方法。使用基于某百科和搜索引擎结果训练的Word2vec模型，实现目标实体和候选实体语义的准确表示，在此基础上衡量候选实体的语义相似度得分并识别竞争者。

此外，本章利用真实搜索引擎数据的示例以及详细的计算复杂度分析，说明了ICWSL方法识别竞争者的过程和效率。同时，本章基于百度网络搜索日志数据开展一系列数据实验，验证了ICWSL方法识别竞争者的有效性。实验分别从参数设置对方法效果的影响、竞争者识别有效性、竞争者排序准确性三个方面验证了 ICWSL 方法的优异效果。实验结果表明，与现有基于直接比较的方法相比，ICWSL 能够从网络搜索日志中识别出更准确、更全面、更新颖的竞争者结果，同时能够准确分析竞争者间的竞争程度，并相应生成竞争者排序。

作为竞争者识别的一个重要方面，基于间接比较的竞争者识别方法 ICWSL 拓展了竞争者识别的问题情景和语料场景，同时也为基于间接比较关系的竞争智能打开了创新空间。作为一种重要的补充，通过 ICWSL 识别出的竞争者能够为管理者和消费者在决策过程中拓宽视野范围，并将有助于决策者透过实体之间的间接联系先于竞争对手发现更多的机遇。

第 5 章
基于用户生成内容的竞争程度分析

5.1 方法背景

在企业竞争智能分析中,管理者不仅需要准确识别企业和产品在市场中的竞争对手,也需要仔细衡量其与竞争者之间的竞争程度。管理实践中,如何有效评估与竞争对手的竞争程度成为管理者面对的新挑战。在动态竞争的市场环境中,管理者无法以传统方式分析企业和产品间的竞争程度,这导致企业只能默认竞争对手的存在,而无法针对竞争对手设计差异化战略、抢占竞争优势(Chen 和 Miller,2012)。此外,产品销量、市场份额等市场表现会受到动态竞争的影响,企业采取的每个市场举措均会引起竞争对手不同程度的回应;反之,竞争对手的行动也会引起企业的响应。竞争互动促使消费者在竞争者之间切换,市场结构复杂多变,企业需对竞争对手和市场竞争有足够深入的理解,方能长远稳定地发展。因此,深刻透彻地分析实体间的竞争程度以反映消费者如何在竞争实体间进行转换,有助于管理者了解竞争者、分析市场结构,进而帮助企业降低运营成本、提升管理绩效,对企业制定竞争战略和应对措施至关重要。

传统的企业管理和市场营销方法主要从两个方面进行竞争程度分析,即基于属性评分的分析和基于考虑集合的分析。前者通过衡量实体在属性空间上的相似性评估它们之间的竞争程度,后者则认为消费者在购物决策过程中同时考虑两个实体的概率越大，两者的竞争程度越大。然而，传统的竞争程度分析方法主要依赖于消费者的自报告或访谈，分析数据规模有限，耗时费力，容易产生偏差。一方面，消费者的理性"有限"，存在认知偏差，在复杂的竞争环境中，消费者对实体的判断并不全面，基于消费者自报告的竞争分析很可能产生偏差。另一方面，由于自动化程度低，传统的竞争程度分析成本较高、耗时较长，在高度竞争环境中，消费者偏好迅速变化，竞争对手动作频繁，导致传统分析方法难以快速响应市场的快速动态变化，无法适应复杂多变的竞争环境。

随着移动商务和社会化商务的发展，消费者作为竞争市场的最终仲裁者，能够在互联网上自由搜索、购物和评论，留下了网络搜索日志、在线评论、短视频等用户生成内容。这些内容与产品和企业息息相关，蕴含大量的消费意见和集体智慧。与传统的调查和访谈数据相比，用户生成内容的数据获取成本低，可用性高，数据量大且更新及时，可用于解决传统竞争程度分析方法中存在的问题。但是，现有基于用户生成内容的竞争智能研究大多针对竞争分析的早期阶段，侧重于竞争者识别问题，对于竞争者之间竞争程度的讨论仍然不够深入。

在用户生成内容中，实体关键词并非孤立存在，而是与其他属性关键词共同关联出现，这些属性关键词可视作消费者对不同实体在各个属性维度上的意见。通常来说，竞争产品间往往具有相同的属性特征，满足了消费者相似的功能需求，这些属性特征、功能反映到用户生成内容中则表现为话题的相似性或属性关键词的重叠程度，可以帮助管理者刻画产品间的竞争关系。用户生成内容中关键词的数量反映了其对应实体或属性特征在消费者群体中的流行程度，有助于进行竞争程度的刻画。

综上，本章将介绍一种名为 BCQ（Bipartite graph based Competitiveness degree analysis from Query logs）的基于网络搜索日志的竞争

程度分析方法。给定一组已识别的竞争实体，BCQ 通过分析网络搜索日志中的联合关键词构建二部图模型，并根据二部图模型衡量实体间的竞争程度。本章通过大量的数据实验，验证 BCQ 方法衡量竞争程度的有效性。实验结果表明，BCQ 可以有效实现竞争者排序，并预测竞争产品在市场的表现。本章介绍的 BCQ 方法从搜索引擎用户的角度衡量实体间的竞争程度，能够帮助管理者对竞争者进行精准分层，也可为产品的市场份额预测提供支持。

5.2 实体竞争程度分析方法

本节首先阐述竞争程度分析相关概念和假设，之后分别从二部图模型构建和基于二部图的竞争程度分析介绍 BCQ 的方法框架。

5.2.1 概念定义

在用户生成内容中，不仅能够观测到与目标实体相关的实体关键词，还能够发现大量的共现关键词，这些共现关键词反映了消费者对于该实体的特定感知和描述，可将这些共现关键词理解为实体关键词的关联属性。例如，对于目标实体"戴尔"，在网络搜索日志中，消费者经常查询"戴尔 笔记本""戴尔 台式机""戴尔 音频驱动"等，表明消费者在一定程度上将共现关键词"笔记本""台式机""音频驱动"视为实体"戴尔"的重要属性。但是，如第 3 章和第 4 章所述，诸如"戴尔 惠普""戴尔 联想"等竞争者较少在同一条记录中共同出现，因此在此类用户生成内容中，现有基于共同出现开展的研究难以实现实体的竞争程度分析。与此同时，不同的竞争者在网络搜索日志中可能与同一组属性关键词关联。例如，对于实体"惠普"而言，消费者也会搜索"惠普 笔记本""惠普 台式机""惠普 音频驱动"。这些查询表明，从消费者视角看来，"戴尔"和"惠普"在"笔记本""台式机""音频驱动"等共同的属性上存在竞争，相应的搜索量反映了两者被消费者关注的强度。因此，可通过共现关键词衡量实体间的竞争程度。

给定一个UGC数据集合$Q=\{q\}$，Q中每一条记录q表示一条数据日志（如一次查询、一条评论或者一条微博等），q由多个查询关键词以及相应的查询次数$|q|$构成。表5-1显示了一个月内某搜索引擎中包含"戴尔"的多个查询及相应的联合关键词和搜索量。在某种程度上关键词的流量表示其在消费者意识中存在的强度，也表示该关键词所代表的事物在现实世界中的关注度。在BCQ方法中，不考虑那些仅包含单个目标实体、不包含任何关联属性的查询（如"戴尔"），因为它们无法提供潜在竞争程度信息，在数据预处理中，这些搜索日志将从Q中剔除。

表5-1 包含关键词"戴尔"的网络搜索日志示例

序号	关键词	搜索量
q_1	戴尔 最佳笔记本	53 100
q_2	戴尔 电脑促销	23 800
q_3	戴尔 笔记本	96 200
q_4	戴尔 台式机	36 000
q_5	戴尔 平板	49 500
q_6	戴尔 服务器	14 800
q_7	戴尔 监视器	22 200
q_8	戴尔 xps	301 580
q_9	戴尔 音频驱动	1 600
q_{10}	戴尔 适配器	1 600
⋮	⋮	⋮

在用户生成内容中，关键词k的流量不仅是单独搜索k的次数，而

且是所有包含 k 查询（例如 "$k\ a$"）的总搜索量，其中 a 可以是 k 的任意共现关键词。例如，在表 5-1 中，关键词"戴尔"的流量为 426 100。具体而言，关键词流量有如下定义。

定义 5.1（关键词流量） 给定某一时间段内的网络搜索日志数据集合 Q，对于任意一个关键词 k，其在 Q 中的流量为所有包含 k 的搜索数量，定义为：

$$|k| = \sum_{k \in q, q \in Q} |q| \tag{5-1}$$

在包含实体 e 和共同搜索词 a 的查询 q 中，e 和 a 的联合流量反映了消费者的群体智慧，表明消费者将关键词 a 视为 e 的关联属性的程度。给定包含 n 个已识别的竞争实体的集合 $E=\{e_1, e_2, \cdots, e_n\}$，以及对应的网络搜索日志集合 Q，包含 E 中实体 e 的一条搜索日志 q 可表示为三元组 $e, a, |q|$，其中 e 和 a 在 q 中被共同搜索，q 的搜索量为 $|q|$。例如，给定一组实体"联想""戴尔""惠普"，相应的网络搜索日志集合可为 {（联想，适配器，880），（联想，最佳笔记本，4 400），（联想，电脑特价，22 200），（联想，笔记本，55 300），（戴尔，适配器，1 600），（戴尔，最佳笔记本，53 100），（戴尔，电脑特价，23 800），（戴尔，音频驱动，1 600），（戴尔，笔记本，96 200），（惠普，最佳笔记本，49 500），（惠普，电脑特价，22 200），（惠普，音频驱动，30），（惠普，笔记本，823 320），⋯}。在该网络搜索日志中，关键词"适配器""最佳笔记本""电脑特价""音频驱动""笔记本"可被视为"联想""戴尔"或"惠普"的关联属性。若两个实体共享一个关联属性，从搜索引擎用户的角度看，这两个实体在该属性上存在竞争。由于可使用不同共现关键词来查询不同的实体，因此可构建二部图模型来描述此类竞争关系。

5.2.2 二部图模型构建

给定一组实体集合 E 及对应的网络搜索日志集合 Q,从 Q 中提取与 E 中实体共同搜索的关键词构成属性集合 A。可构建二部图模型 $G = (E, A, Q_{EA})$,其中 E 为实体集合,A 为提取的属性集合,Q_{EA} 为 Q 的子集,由共同搜索 E 和 A 中关键词的搜索日志构成,即 $Q_{EA} = \{q \mid e_i, a_j \in q, e_i \in E, a_j \in A, q \in Q\}$。

从拓扑学角度看,E 和 A 分别表述实体和属性两组节点,Q_{EA} 表示为连接 E 和 A 的一组边。图 5-1 展示了一个二部图模型,其中左侧节点代表 E 中用于分析竞争程度的实体,右侧节点代表实体属性集合 A,节点间的边表示 Q_{EA} 中的共同搜索关系。在图 5-1 中,虽然左侧实体几乎不会同时出现在同一查询中,但可以利用二部图上经由共同属性连接的路径来衡量实体间的竞争程度。

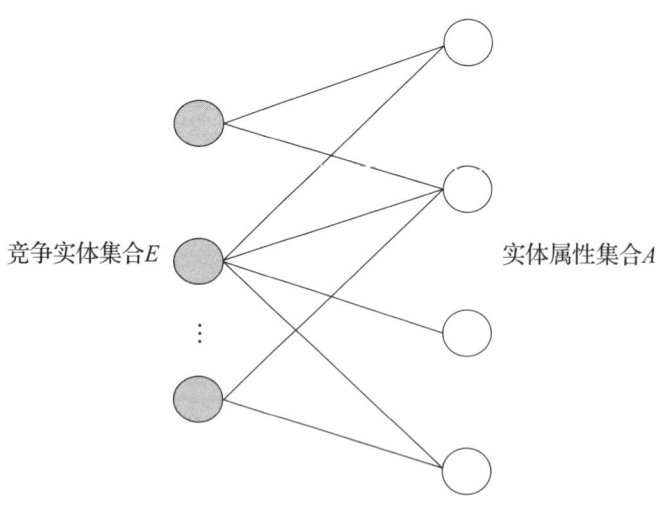

图 5-1　二部图模型

实体间的竞争路径可进行如下定义:

定义 5.2（竞争路径） 给定一个二部图 $G=(E，A，Q_{EA})$，对于集合 E 中的任意两个实体 e_x 与 e_y，若存在属性关键词 $a_j \in A$，使得 e_x，$a_j \in q_{xj}$ 且 e_y，$a_j \in q_{yj}$，其中 $q_{xj} \in Q_{EA}$，$q_{yj} \in Q_{EA}$，则可以定义竞争路径 $e_x \rightarrow a_j \rightarrow e_y$。

由于关键词的共现连接是对称的，竞争路径也是对称的，因此，若存在竞争路径 $e_x \rightarrow a_j \rightarrow e_y$，在反方向上也存在竞争路径 $e_y \rightarrow a_j \rightarrow e_x$，则实体 e_x 与 e_y 间互为竞争关系。在上文的例子中，给定网络搜索日志集合 Q，可利用 $E=\{$"戴尔"，"联想"，"惠普"$\}$，$A=\{$"适配器"，"最佳笔记本"，"电脑促销"，"音频驱动"，"笔记本"$\}$ 及相应的搜索日志集合 Q_{EA} 构建如图 5-2 描述的二部图模型。从图中可知，三个竞争实体都拥有实体属性"最佳笔记本"，即在网络搜索日志中，每个实体都与该属性关键词共同被消费者搜索。基于该属性，可在二部图中构建竞争路径"戴尔→最佳笔记本→联想""戴尔→最佳笔记本→惠普""联想→

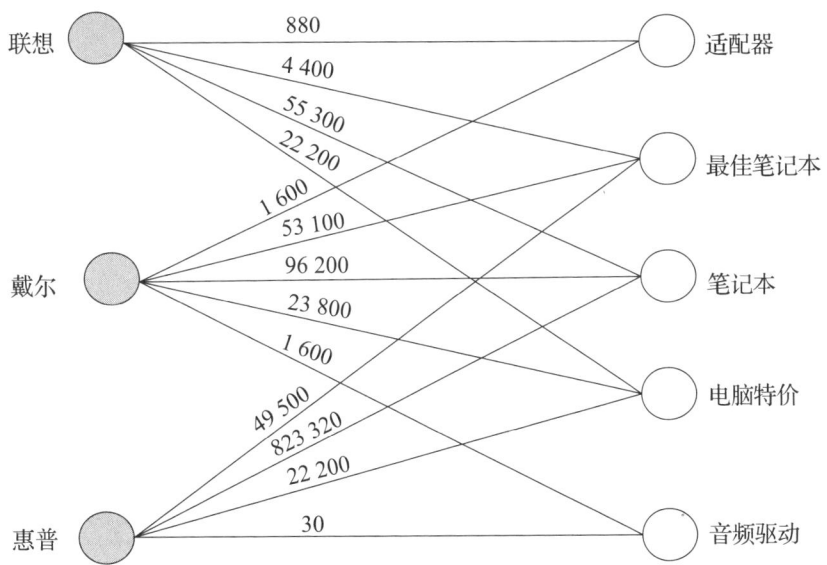

图 5-2 二部图模型示例

最佳笔记本→惠普"。从搜索引擎用户的角度看，关键词"最佳笔记本"代表了三个实体共同竞争的重要属性，每个实体与"最佳笔记本"的共同搜索次数则代表了搜索引擎用户关注的强度。因此，利用二部图中构建的竞争路径，可进一步分析实体间的竞争程度。

5.2.3 竞争程度分析

根据定义 5.1，实体和属性关键词共同出现的强度，即其在网络搜索日志中的联合流量 $|e_i a_j|$ 的计算公式为：

$$|e_i a_j| = \sum_{q \in Q, e_i, a_j \in q} |q| \tag{5-2}$$

在 Q_{EA} 中，一个实体 e_i 可能与多个属性被共同查询，因此，对任一属性 a_j，其与 e_i 共同出现的概率可定义为：

$$p(e_i \to a_j) = \frac{|e_i a_j|}{|e_i|} \tag{5-3}$$

如上文所述，e_i 的共同查询关键词 a_j 代表其关键属性，因此，$p(e_i \to a_j)$ 在语义上反映了搜索引擎用户将 a_j 视为 e_i 的重要属性的程度。同时，一个属性 a_j 也可与多个实体共同查询，对于属性 a_j，其与实体 e_i 共同出现的概率可定义为 $p(a_j \to e_i)$，表示搜索引擎用户在搜索 a_j 时多大程度上能够联想到实体 e_i。一个属性可同时被多个实体共享，表示这些实体间在该属性上存在竞争。

对于 E 中的两个实体 e_x 和 e_y，若存在属性关键词 $a_j \in A$，满足 e_x，$a_j \in q_{xj}$，e_y，$a_j \in q_{yj}$，且 $q_{xj} \in Q_{EA}$，$q_{yj} \in Q_{EA}$，则存在竞争路径 $e_x \to a_j \to e_y$。在该路径上，e_y 是 e_x 的竞争者，因为它们在竞争那些搜索 a_j 的用户群体的关注。因此，给定二部图 $G = (E, A, Q_{EA})$ 中的竞争路径 $e_x \to a_j \to e_y$，e_y 与 e_x 在属性 a_j 上的竞争程度表示为 $Comp_{a_j}(e_x,$

e_y），计算公式为：

$$Comp_{a_j}(e_x, e_y) = p(e_x \to a_j) \times p(a_j \to e_y) \qquad (5-4)$$

$Comp_{a_j}(e_x, e_y)$ 反映搜索引擎用户在多大程度上将实体 e_y 视为 e_x 在属性 a_j 上的竞争者。直观来看，$Comp_{a_j}(e_x, e_y)$ 可视为基于实体属性 a_j 从实体 e_x 到实体 e_y 的转换概率，即给定 a_j 时实体 e_y 能够与实体 e_x 竞争的程度。

大部分情况下，$Comp_{a_j}(e_x, e_y)$ 与 $Comp_{a_j}(e_y, e_x)$ 之间是不对称的。也就是说，竞争程度在相反方向上是不同的。具体而言，在竞争路径 $e_x \to a_j \to e_y$ 及其反方向上，对应的竞争程度可分别表示为：

$$Comp_{a_j}(e_x, e_y) = (|e_x a_j| \times |e_y a_j|)/(|e_x| \times |a_j|) \qquad (5-5)$$

$$Comp_{a_j}(e_y, e_x) = (|e_x a_j| \times |e_y a_j|)/(|e_y| \times |a_j|) \qquad (5-6)$$

两个竞争度的差异是分母，即两个实体的搜索量。在实践中，$|e_x|$ 和 $|e_y|$ 由数百万个用户的搜索行为汇聚而成，一般很少相同，这意味着 e_x 和 e_y 在属性 a_j 上以不同的强度展开竞争。因此，一对实体间的竞争力在特定属性上通常是不对称的，这与现实世界中的情况相一致。例如，考虑"搜索引擎"这一属性，"Bing"和"Google"之间的竞争程度是不对称的，"Bing"将"Google"视为搜索引擎市场的主要竞争对手，而"Google"可能不会将"Bing"视为同等水平上的竞争对手。值得注意的是，虽然在真实事件中很少见，当 $|e_x|$ 等于 $|e_y|$ 时，$Comp_{a_j}(e_x, e_y)$ 在理论上可以等于 $Comp_{a_j}(e_y, e_x)$。

此外，e_x 和 e_y 之间存在多个共有的关联属性并构成多条竞争路径。因此，应结合所有可能的竞争路径推断一对实体间的竞争程度。由此，e_j 与 e_x 竞争的程度可定义如下。

定义 5.3（竞争程度） 给定一个二部图 $G = (E, A, Q_{EA})$，对于

E 中的任意两个实体 e_x 和 e_y，可计算 e_y 相对于 e_x 的竞争程度：

$$Comp(e_x, e_y) = \sum_{a_j \in A} Comp_{a_j}(e_x, e_y) \qquad (5-7)$$

竞争程度代表了竞争实体在多条竞争路径上的效果聚集，可将 $Comp(e_x, e_y)$ 视作从实体 e_x 到实体 e_y 的总体转换概率。此外，关于竞争程度的计算可推导两个重要引理。

引理 5.1（竞争程度的不对称性） 给定一个二部图 $G = (E, A, Q_{EA})$，对于集合 E 中的任意两个实体 e_x 与 e_y，若 $|e_x| \neq |e_y|$，则 $Comp(e_x, e_y) \neq Comp(e_y, e_x)$。

证明：$Comp(e_x, e_y)$ 是多条路径上竞争程度的总和。对于每条竞争路径 $e_x \rightarrow a_j \rightarrow e_y$，其竞争程度为 $Comp_{a_j}(e_x, e_y) = (|e_x a_j| \times |e_y a_j|)/(|e_x| \times |a_j|)$，而相反方向 $e_y \rightarrow a_j \rightarrow e_x$ 的竞争程度为 $Comp_{a_j}(e_y, e_x) = (|e_x a_j| \times |e_y a_j|)/(|e_y| \times |a_j|)$。$|e_x| \neq |e_y|$ 有两种情况：$|e_x| > |e_y|$ 或 $|e_x| < |e_y|$。当 $|e_x| > |e_y|$ 时，$Comp_{a_j}(e_x, e_y) < Comp_{a_j}(e_y, e_x)$，则有

$$\begin{aligned} Comp(e_x, e_y) &= \sum_{a_j \in A} Comp_{a_j}(e_x, e_y) \\ &< \sum_{a_j \in A} Comp_{a_j}(e_y, e_x) = Comp(e_y, e_x) \end{aligned}$$

当 $|e_x| < |e_y|$ 时，$Comp_{a_j}(e_x, e_y) > Comp_{a_j}(e_y, e_x)$，则有

$$\begin{aligned} Comp(e_x, e_y) &= \sum_{a_j \in A} Comp_{a_j}(e_x, e_y) \\ &> \sum_{a_j \in A} Comp_{a_j}(e_y, e_x) = Comp(e_y, e_x) \end{aligned}$$

由此可知，若 $|e_x| \neq |e_y|$，则 $Comp(e_x, e_y) \neq Comp(e_y, e_x)$，引理 5.1 得证。

引理 5.1 与现实世界中的竞争关系一致。例如，市场中规模较大的参

与者（如拥有更多用户或市场份额的企业）通常对较小的参与者（如拥有较少用户或市场份额的企业）构成更大的威胁。因此，一对实体间的竞争程度通常是不对称的。在理论上，仅当 $|e_x|=|e_y|$ 时 $Comp(e_x, e_y) = Comp(e_y, e_x)$，而在实践中，两个实体具有相同搜索量的情况很少。

与此同时，$Comp(e_x, e_x)$ 的值不为 1，而是介于 0 和 1 之间，反映除了那些转换为查询其他竞争实体的用户外，仍在查询实体 e_x 的用户的比例。在市场竞争中，$Comp(e_x, e_x)$ 反映实体 e_x 能够捍卫的且无法被其他竞争者蚕食的市场份额。

引理 5.2（竞争程度的归一性） 给定一个二部图 $G=(E, A, Q_{EA})$，对于集合 E 中的任意实体 e_x，E 中的其他实体与 e_x 的竞争程度之和为 1，即

$$\sum_{e_y \in E} Comp(e_x, e_y) = 1 \tag{5-8}$$

证明：引理 5.2 可通过如下过程得证：

$$\begin{aligned}
&\sum_{e_y \in E} Comp(e_x, e_y) \\
&= \sum_{e_y \in E} \sum_{a_j \in A} p(e_x \to a_j \to e_y) \\
&= \sum_{e_y \in E} \sum_{a_j \in A} (|e_x a_j| \times |e_x|)/(|e_y a_j| \times |a_j|) \\
&= (1/|e_x|) \sum_{a_j \in A} (|e_x a_j|/|a_j|) \sum_{e_y \in E} |e_y a_j| \\
&= (1/|e_x|) \sum_{a_j \in A} (|e_x a_j|/|a_j|) |a_j| \\
&= (1/|e_x|) \sum_{a_j \in A} |e_x a_j| = 1
\end{aligned} \tag{5-9}$$

引理 5.2 表明，对于实体 e_x，全部其他实体与 e_x 的竞争程度之和为 $1-Comp(e_x, e_x)$，反映了从实体 e_x 到其他实体的总转换概率。

基于上述过程，可以使用基于网络搜索日志构建的二部图计算一个实体相对于另一个实体的竞争程度。对于企业管理者，可以从网络搜索日志中衡量竞争对手在多大程度上与自身的业务竞争。需要注意的是，这种度量是基于消费者视角的刻画，能够从市场侧帮助企业优化管理决策，这也是 BCQ 方法的价值体现。此外，竞争程度是一个相对概念，衡量的是给定实体集合的竞争动态，在使用 BCQ 方法定量衡量实体竞争程度前，需要进行竞争者识别进而确定一组竞争实体。

5.3 方法示例

本节通过一个真实数据的示例，具体说明 BCQ 方法如何衡量实体间的竞争程度。

假设由三个实体构成的竞争实体集合 $E=\{e_i|i=1,2,3\}$ 以及网络搜索日志集合 Q。从网络搜索日志中共提取出五个关联属性，表示为 $A=\{a_j|j=1,2,\cdots,5\}$，这些实体属性由三个实体共享，反映搜索引擎用户的意图。针对实体及其共有的属性，提取一组相关的网络搜索日志 $Q_{EA}=\{q_t|t=1,2,\cdots,11\}$，如表 5-2 所示，以建立二部图模型并衡量 E 中实体间的竞争程度。

表 5-2 实体相关的网络搜索日志集合

编号	实体	关联属性	搜索量	编号	实体	关联属性	搜索量
q_1	e_1	a_1	18 100	q_7	e_2	a_4	200
q_2	e_1	a_2	27 150	q_8	e_2	a_5	390
q_3	e_1	a_3	1 000	q_9	e_3	a_3	22 200
q_4	e_2	a_1	22 200	q_{10}	e_3	a_4	5 400
q_5	e_2	a_2	22 200	q_{11}	e_3	a_5	390
q_6	e_2	a_3	720				

基于表 5-2 中的网络搜索日志，可以构造如图 5-3 所示的二部图，其中灰色节点表示三个竞争实体，白色节点表示它们的关联属性。基于该二部图，可以计算任意两个实体间的竞争程度。

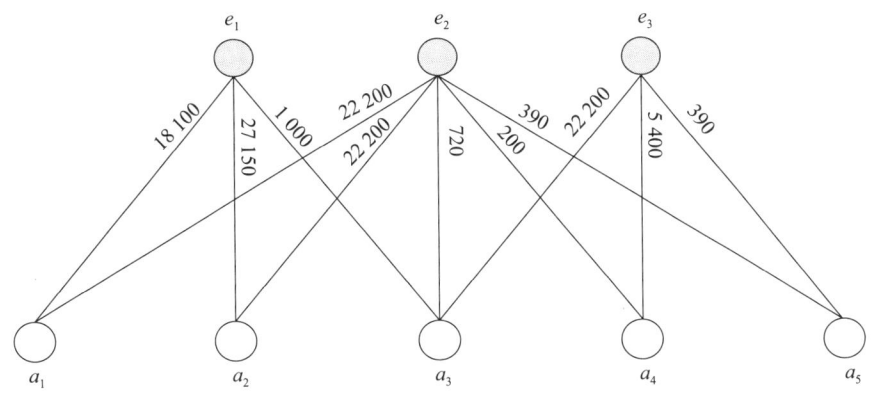

图 5-3　示例中的二部图模型

以 $Comp(e_1, e_2)$ 的计算为例，从 e_1 出发，与 e_1 相连的边表示其与属性 a_1，a_2，a_3 之间的关联关系。同时，从图 5-2 中能够看出，实体 e_2 分别与 a_1，a_2，a_3，a_4，a_5 五个属性关联。因此，e_2 在三条竞争路径上与 e_1 存在竞争，即 $e_1 \rightarrow a_1 \rightarrow e_2$，$e_1 \rightarrow a_2 \rightarrow e_2$，以及 $e_1 \rightarrow a_3 \rightarrow e_2$。为了计算 e_2 相对于 e_1 的竞争程度，首先需要获取相应关键词的搜索量，两个实体与属性 a_1 相关的流量如表 5-3 所示。

表 5-3　实体关键词及属性关键词的总查询流量

关键词	相关查询量	总查询流量
$\lvert e_1 \rvert$	$\lvert q_1 \rvert + \lvert q_2 \rvert + \lvert q_3 \rvert$	46 250
$\lvert e_2 \rvert$	$\lvert q_4 \rvert + \lvert q_5 \rvert + \lvert q_6 \rvert + \lvert q_7 \rvert + \lvert q_8 \rvert$	45 710
$\lvert a_1 \rvert$	$\lvert q_1 \rvert + \lvert q_4 \rvert$	40 300
$\lvert e_1 a_1 \rvert$	$\lvert q_1 \rvert$	18 100
$\lvert e_2 a_1 \rvert$	$\lvert q_4 \rvert$	22 200

针对属性 a_1，实体 e_2 相对于实体 e_1 的竞争程度为：

$$Comp_{a_1}(e_1,e_2)=(|e_1a_1|\times|e_1|)/(|e_2a_1|\times|a_1|)=0.215\,6$$

类似地，$Comp_{a_2}(e_1,e_2)$ 和 $Comp_{a_3}(e_1,e_2)$ 也可计算得到，分别为 $0.264\,1$ 和 $0.000\,7$。因此，e_2 相对于 e_1 的竞争程度为：

$$\begin{aligned}Comp(e_1,e_2)&=\sum_{a_j\in\{a_1,a_2,a_2\}}Comp_{a_j}(e_1,e_2)\\&=0.215\,6+0.264\,1+0.000\,7\\&=0.480\,4\end{aligned} \quad (5-10)$$

通过同样的方式，可以计算 E 中任意两个实体间的竞争程度，其结果如图 5-4 中的矩阵所示。矩阵中的每个值表示该列实体将搜索引擎用户的注意力从该行实体处吸引的转换概率。从结果中能够看出，竞争程度矩阵中位于对称位置的值并不相同，例如，e_2 相对于 e_1 的竞争程度不等于 e_1 相对于 e_2 的竞争程度，说明竞争程度的不对称性（引理 5.1）。此外，矩阵中每行的总和为 100%，与引理 5.2 相一致。

	e_1	e_2	e_3
e_1	0.499 6	0.480 3	0.020 1
e_2	0.486 0	0.490 9	0.023 1
e_3	0.033 2	0.037 7	0.929 1

图 5-4 E 中实体竞争程度矩阵

从图 5-3 中的二部图模型能够发现，e_2 与 e_1 以及 e_3 共同拥有的关联属性数量相同，但是计算结果表明 e_1 和 e_3 相对于 e_2 的竞争程度不同，因为对于不同的关联属性，实体与属性关键词的搜索流量存在差异。具体而言，对于 e_1 和 e_2，用户以相似的频率将实体与 a_1，a_2，a_3 共同搜索。也就是说，两个实体在关联属性 a_1，a_2，a_3 上所占的市场份额势均力敌。这一点能够从竞争程度中得到很好的证明，实体 e_2 相对于 e_1 的竞争程度为 0.486 0，而在相反方向上，实体 e_1 相对于 e_2 的竞争程度为 0.480 3。两个方向上的竞争程度相近，表明从搜索引擎用户的视角来看，e_1 和 e_2 在市场中占据相似的位置。而对于 e_2 和 e_3，尽管它们共享三个关联属性 a_3，a_4，a_5，但它们之间的竞争程度远小于 0.1。这主要是因为 e_3 在属性 a_3 和 a_4 上吸引了市场上大多数用户，而实体 e_2 在这些属性上只占有一个利基市场。

这两对实体之间的比较告诉我们，相似属性重叠的竞争者之间可能表现出不同程度的竞争关系，这也证明了管理者有必要通过详细的竞争程度分析了解市场竞争结构，以设计恰当的策略应对不同的竞争者。

5.4 算法与效率分析

本节将给出基于二部图的竞争程度分析方法 BCQ 的算法细节，以及该算法的计算复杂度分析。

对于一个给定的网络搜索日志集合 Q，其中包含的关键词可能存在变形词，如全拼、缩写等不同表达方式，因此算法首先进行数据预处理。该预处理过程主要使用 Huang 和 Efthimiadis（2009）研究中使用过的方法，该方法开发了基于规则的一系列关键词处理策略，包括词语重排、空格及标点处理、URL 剥离、词干提取、缩略词处理等，这些策略的有效性在查询重构、查询扩展、搜索上下文理解等应用领域均已得到验证（Bing 等，2014）。预处理过程在 Standford NLP[①] 工具的帮助

[①] http://nlp.stanford.edu/software/.

下实现，该工具包括分词、命名实体识别、同义词识别等功能模块，帮助实现对网络搜索日志的结构化处理。

给定一组实体 E，BCQ 方法通过分析网络搜索日志 Q 衡量 E 中每对实体间的竞争程度。由于 Q 中的大量查询与实体无关，对于竞争程度分析也是无用的，因此算法进行关键词的共现分析，获取所有与 E 中实体相关的搜索日志构成 Q_{EA}，同时提取所有关联属性构成属性集合 A。在构建属性集合时，仅包括能够反映实体间竞争关系的共有属性。基于 Q_{EA} 中 E 和 A 之间的关联关系，构建二部图 G 来映射搜索引擎用户感知到的实体竞争关系。在二部图的基础上分析竞争程度，可说明实体间的相对竞争程度。BCQ 方法的整个计算过程如算法 3 所示。

算法 3：BCQ 算法

输入：网络搜索日志集合 $Q=q_z$；竞争实体集合 $E=\{e_i | i=1, 2, \cdots, N_E\}$
输出：实体集合 E 的竞争程度矩阵
$MComp=\{Comp(e_x, e_y) | x=1, 2, \cdots, N_E; y=1, 2, \cdots, N_E\}$
开始：
/* 数据预处理：关键词重排序、标点符号处理、字母缩写处理等 */
1. Preprocessing (Q)；
/* 初始化 */
2. G；　　　　/* 二部图，节点分别为实体关键词与属性关键词 */
3. $A=\Phi$；　　/* 属性关键词 a_j */
4. $Q_{EA}=\Phi$；/* 与构建二部图相关的网络搜索日志 */
/* 二部图构建 */
5. **for** each $q_z \in Q$ **do**
6. 　　**for** each $e_i \in E$ **do**
7. 　　　　**if** $e_i \in q_z$ **then**
8. 　　　　　　$A=A+q_z \setminus e_i$
9. 　　　　　　$Q_{EA}=Q_{EA}+q_z$
10. 　　　　**end if**
11. 　　**end for**
12. **end for**
13. $G=$ Construct_Bipartite_Graph (E, A, Q_{EA})
/* 竞争程度分析 */
14. **for** each $e_x \in E$ **do**
15. 　　**for** each $e_y \in E$ **do**

```
16.        for each a_j ∈ A do
17.            Comp_{a_j}(e_x, e_y) = Computing_Competitiveness(G, e_x, e_y, a_j)
18.            Comp(e_x, e_y) = Comp(e_x, e_y) + Comp_{a_j}(e_x, e_y)
19.        end for
20.        MComp = Update_Competitiveness(Comp(e_x, e_y))
21.    end for
22. end for
23. OutPut(MComp)
```

BCQ 算法主要有两个步骤：第一步，通过共现分析构造二部图（算法第 5~13 行）。在此步骤中包括两个迭代，外部迭代旨在遍历所有搜索日志，而内层迭代则扫描各实体以提取关联属性。假设搜索日志集合 Q 的大小为 N_Q，要分析的竞争实体的数量为 N_E，则构造二部图的时间复杂度为 $O(N_Q N_E)$。算法的第二步（第 14~22 行）计算每对实体间的竞争程度。基于二部图，通过多个共有的关联属性扫描任意一对实体间的全部竞争路径，假设 A 中属性的数量为 N_A，此过程需要的计算时间为 $O(N_E^2 N_A)$。因此，BCQ 算法的总体时间复杂度为 $O(N_Q N_E)$ + $O(N_E^2 N_A)$。在实际应用中，实体数量 N_E 和关联属性的数量 N_A 远小于网络搜索日志 N_Q 的大小。因此，BCQ 算法的总体时间复杂度主要由搜索日志的大小确定。

为了进一步检验网络搜索日志集合大小对 BCQ 方法计算效率的影响，本节还开展了数据模拟实验。随机生成多条查询，同时将每条查询的搜索量设置为 10^4，该数量为某搜索引擎中一条查询的平均月查询量。利用随机生成的查询分别构建搜索条数为 10^5~10^6 不等的测试数据集，对应着 10^9~10^{10} 条原始查询。

图 5-5 显示了网络搜索日志的规模从 10^5 变为 10^6 时 BCQ 方法的运行时间，从结果中能够观察到近乎线性的趋势，表明 BCQ 方法能够以线性效率完成竞争程度分析的计算。图 5-5 的结果与 BCQ 时间复杂

度理论分析相一致，说明 BCQ 方法在计算效率方面具有理想的扩展性。

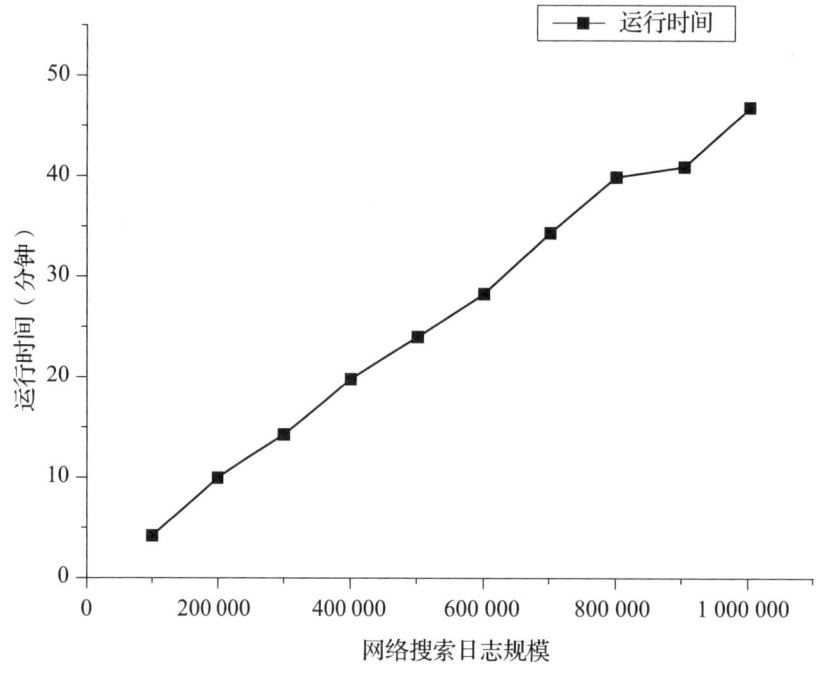

图 5-5　不同数据规模下 BCQ 的运行时间

此外，本节还使用真实数据验证了 BCQ 的计算效率，通过在搜索引擎的网络搜索日志上运行 BCQ 方法，分别分析 20 个给定目标实体与其竞争者之间的竞争程度。实验结果表明，目标实体的平均运行时间为 2.14 分钟，最短和最长的运行时间分别为 1.06 分钟和 3.02 分钟。针对这 20 个目标实体收集网络搜索日志，得到总计约 10^9 条，每个实体对应约 5×10^7 条查询，平均每条查询的搜索量为 10^4，因此对于每个实体，BCQ 需处理约 5×10^3 条不同的搜索日志。平均 2.14 分钟的运行时间可认为与上文的模拟实验结果一致，在模拟实验中，网络搜索日志规模为 10^5 时，运行时间为 4.25 分钟。该结果进一步验证了 BCQ 方法在大规模搜索日志中的运行效率以及方法的可扩展性。

5.5 数据实验

本节通过使用真实数据实验，验证 BCQ 方法分析竞争程度的有效性，主要从以下两个方面反映 BCQ 方法的效果：

- 问题 1：与现有方法相比，BCQ 能否实现更准确的竞争实体排序？
- 问题 2：基于 BCQ 计算得到的竞争程度结果能否实现有效的产品市场份额预测？

在管理实践中，有了竞争程度信息，管理者能够对竞争对手进行排序，并相应分配战略资源。因此，竞争者排序的准确性常被用作竞争程度计算有效性的衡量指标（Chen 和 Miller，2012；Ringel 和 Skiera，2014）。同时，竞争会影响并决定产品的市场份额，这对于管理者评估产品的市场表现尤为重要。如果一种方法能够准确地衡量竞争程度，也应该能够帮助管理者预测市场份额。因此，度量竞争程度分析有效性的实验分为两个部分，首先衡量并比较不同方法对竞争实体排序的准确性，其次选取美国汽车市场作为代表性领域，基于竞争程度分析结果进行汽车产品的市场份额预测，衡量并比较不同预测方法的准确性差异。

为了比较 BCQ 与现有竞争程度分析方法的性能差异，实验选取三种可用于分析竞争程度的前沿方法作为基准方法，对 BCQ 及基准方法进行竞争实体排序以及市场份额预测的有效性进行比较。

第一种基准方法是基于属性评分的分析，称为 AttrSim。该方法通过计算实体属性评分的余弦相似度衡量实体间的竞争程度。该方法需要花费较大成本进行用户调查，收集消费者对实体的属性评分，不仅耗时、成本高，还容易因自报告问题而产生偏差。因此在实验中，将每个实体在网络搜索日志中共同出现的关键词以及搜索量分别作为实体属性和对应的属性评分。

第二种基准方法是基于共同出现的方法，称为 Co-occur。该方法通过实体在网络数据中的共同出现指标衡量竞争程度。在实验中，使用 Netzer 等（2012）曾使用的提升度计算实体间共同出现的程度。

第三种基准方法是 Valkanas 等（2017）提出的方法，该方法基于实体在特征空间上的重叠程度计算实体间的竞争程度。该方法同样需要事先定义实体属性，与 AttrSim 方法相同，在实验中将与每个实体共同出现的关键词作为关联属性，衡量实体间的竞争程度。

5.5.1 基于竞争程度的竞争实体排序

本节通过竞争实体排序的准确性验证 BCQ 方法的有效性。

1. 评测数据与测度

S&P Capital IQ[①] 是一家著名跨国企业信息提供商，能够提供关于不同企业的全面信息，包括商业专家对企业竞争对手的分析和排序。根据 Capital IQ 的一级业务分类，实验随机选取 20 个不同领域的实体作为目标实体，如表 5-4 所示。对于每个目标实体，Capital IQ 能够提供其排名前 10 位的竞争对手及相应排序，可用作实验评估的基准数据。针对每个目标实体及其竞争实体，从 Google AdWords 收集与实体相关的网络搜索日志。Google AdWords能够提供搜索引擎用户生成的网络搜索日志，是获取原始网络查询日志的有效来源，并在学术研究中广泛使用（Fourney 等，2011；Choi 和 Varian，2012）。给定一个关键词，Google

---

① http://www.spcapitaliq.com/.

AdWords 可以显示包含该关键词的搜索日志及相应的月度搜索量。本实验从 Google AdWords 收集总计约 10^9 条网络搜索日志。

表 5-4 基于竞争程度的竞争实体排序实验的目标实体

序号	目标实体	序号	目标实体
1	阿里巴巴	11	戴尔
2	亚马逊	12	德芙
3	苹果	13	福特
4	奥迪	14	海尔
5	宝马	15	英特尔
6	佳能	16	肯德基
7	卡西欧	17	锐步
8	香奈儿	18	三星
9	迪奥	19	沃尔玛
10	高露洁	20	尤尼克斯

对于每个目标实体，BCQ 方法及三种基准方法衡量其与 10 个竞争实体间的竞争程度，在此基础上对竞争实体按照竞争程度大小进行排序。若一种竞争程度分析方法足够有效，其生成的竞争实体排序应与 Capital IQ 提供的排序结果一致。因此，实验使用 nDCG 这一经典测度衡量实体排序的准确性，该指标通过计算累积收益来比较给定排序与标准排序之间的差异，被广泛应用于信息检索和推荐系统等相关领域的学术研究中（Ackerman 和 Chen，2011）。

给定一个目标实体 e，其竞争实体集合为 C，对于每个竞争实体 $c \in C$，方法 P_j 能够计算其相对于目标实体 e 的竞争程度 $Comp_j(e, c)$。按照竞争程度从大到小对竞争实体进行排序，每个竞争实体的排名为 $Ind_j(c)$。同时，Capital IQ 能够为每个竞争实体 c 提供一个基准排名 $BInd(c)$。因此，对于目标实体 e，方法 P_j 生成的竞争实体排序的 nDCG 可表示为：

$$nDCG = \frac{1}{Z}\Big(\sum_{c \in C} \frac{2^{Comp_j(e,c)} - 1}{\log_2(1 + BInd(c))}\Big) \qquad (5-11)$$

其中，Z 为竞争实体的正确排序时，该方法能够获取的最大累积收益，作为归一化因子确保 nDCG 结果在（0，1）之间，显而易见，较大的 nDCG 代表更好的竞争实体排序精度。

$$Z = \sum_{c \in C} \frac{2^{Comp_j(e,c)} - 1}{\log_2(1 + Ind_j(c))} \qquad (5-12)$$

2. 实验结果

BCQ 及基准方法的 nDCG 结果如表 5-5 所示，其中加粗的值是相应目标实体中最大的 nDCG 结果。从结果能够看出，平均而言，BCQ 方法在四种方法中具有最大的 nDCG 值。同时，在大多数目标实体（20 个中的 13 个）上，BCQ 方法的表现均优于 AttrSim 方法、Co-occur 方法和 CMiner 方法。这说明 BCQ 方法能够更有效地衡量不同领域实体间的竞争程度。

表 5-5 BCQ 及基准方法的 nDCG 结果

序号	AttrSim	Co-occur	CMiner	BCQ	序号	AttrSim	Co-occur	CMiner	BCQ
1	0.442 8	0.401 7	0.527 6	**0.553 7**	11	0.674 8	0.677 2	0.713 9	**0.881 6**
2	0.790 3	0.428 5	**0.991 4**	0.953 8	12	0.414 3	0.532 5	0.435 0	**0.805 4**
3	0.533 6	0.382 6	0.423 6	**0.603 2**	13	0.684 7	0.391 7	0.765 2	**0.833 0**
4	0.808 6	0.556 2	0.826 1	**0.949 2**	14	0.518 7	**0.540 5**	0.433 4	0.515 1
5	0.625 5	0.360 0	0.586 1	**0.661 7**	15	**0.666 5**	0.488 6	0.631 1	0.646 7
6	0.719 7	0.504 3	**0.770 7**	0.726 8	16	0.870 3	0.645 9	**0.914 8**	0.874 4
7	**0.747 5**	0.547 5	0.522 4	0.627 5	17	0.484 7	0.507 9	0.460 1	**0.521 6**
8	0.464 2	0.525 4	0.455 6	**0.604 9**	18	0.467 4	0.615 7	0.627 5	**0.635 8**
9	0.511 0	0.340 3	0.621 1	**0.638 3**	19	0.693 2	0.640 9	0.718 0	**0.792 5**
10	0.524 9	**0.796 9**	0.519 8	0.755 0	20	0.523 6	0.564 8	0.320 7	**0.917 5**
均值	AttrSim：0.608 3		Co-occur：0.522 5		CMiner：0.613 2		BCQ：**0.724 9**		

在四种方法中，Co-occur 方法的平均 nDCG 值最小，这是因为 Co-occur 方法仅使用共同出现的频次衡量实体间的竞争程度，使用信息过少，不足以准确衡量实体间的竞争程度。BCQ 方法打破了共同出现假设的限制，并捕捉了网络搜索日志中关联属性的关系，为竞争程度分析提供了更有效的信息。AttrSim 方法和 CMiner 方法的 nDCG 结果优于 Co-occur 方法，但比 BCQ 方法差，因为它们只单独计算了成对实体的属性相似度或最小覆盖率，没有考虑竞争市场环境下竞争关系的相互关联。市场上两个实体间的竞争并非单独较量，而是一系列竞争实体在整体环境中的交互与关联，实体间的竞争无法与同领域的其他竞争隔离开来。BCQ 方法衡量的竞争程度能够通过共同属性连接的竞争路径反映用户在实体间的转换概率。在竞争路径中，BCQ 方法不仅全面考虑了关键词的绝对搜索量，还综合考虑了每组关键词的全局搜索情况，因此能更好地捕捉不同竞争关系之间的交互。

BCQ 方法相对于现有方法的提升，可通过表 5-6 中配对 t 检验以及 Friedman 检验结果进一步得到验证。表 5-6 中的统计检验结果表明，BCQ 方法的 nDCG 结果明显优于其他方法，说明 BCQ 能够更准确有效地衡量实体间的竞争程度。

表 5-6　BCQ 及基准方法 nDCG 结果的配对 t 检验及 Friedman 检验

方法	假设	t 值	显著性
配对 t 检验	AttrSim 方法的 nDCG 值＜BCQ 方法的 nDCG 值	−4.085	***
	Co-occur 方法的 nDCG 值＜BCQ 方法的 nDCG 值	−5.798	***
	CMiner 方法的 nDCG 值＜BCQ 方法的 nDCG 值	−3.279	***

方法	假设	χ^2 值	显著性
Friedman 检验	AttrSim 方法的 nDCG 值＜BCQ 方法的 nDCG 值	5.400	**
	Co-occur 方法的 nDCG 值＜BCQ 方法的 nDCG 值	0.067	***
	CMiner 方法的 nDCG 值＜BCQ 方法的 nDCG 值	3.267	**

5.5.2 基于竞争程度的市场份额分析

如上所述，准确度量实体间的竞争程度能够帮助管理者有效预测市场份额，估计未来市场表现。因此，本节利用计算得到的竞争程度进行市场份额分析，并比较 BCQ 及三种基准方法的有效性。

1. 评测数据与测度

给定网络搜索日志集合 Q 及一组实体 $E=\{e_i | i=1, 2, \cdots, N_E\}$，对于实体 e_x 而言，竞争程度 $Comp(e_x, e_y)$ 表示由 e_x 变换到 e_y 的转换概率，代表市场份额从实体 e_x 切换到 e_y 的百分比。在市场中，不同的实体以一定的竞争程度互相动态竞争，因此，基于 E 和计算得到的竞争程度可构建竞争网络，网络中的每个边表示实体之间的转换概率，这样的动态转换过程影响所有实体后续的市场份额，并最终趋于稳定状态（Carpenter 和 Lehmann，1985）。该过程与 PagRank 模型中的随机游走过程相似，因此可利用相似的分析方法，基于竞争程度预测每个实体 e_y 的市场份额 $s(e_y)$，具体计算方法如下：

$$s(e_y) = n \sum_{e_x \in E} Comp(e_x \rightarrow e_y) s(e_x) + \frac{1-\eta}{N_E} \qquad (5-13)$$

等式右边第一部分表示 e_y 从其竞争对手处抢夺的市场份额，第二部分指的是用户从 E 选择任意一个实体的均匀随机游走概率。参数 $\eta \in [0, 1]$ 平衡两部分的衰减因子，在后续的实验中，设置 $\eta = 0.85$ 作为实验参数（Carpenter 和 Lehmann，1985）。通过上述公式对所有实体进行迭代计算，最终获取的稳定值可作为对 E 中每个实体市场份额的预测。若预测的市场份额与实际的市场份额一致，则反过来表明竞争程度的有效性。

实验从美国汽车市场中选取 33 个知名品牌实体,并从知名汽车论坛 Edmunds.com 收集关于实体的市场份额数据。选择汽车市场数据主要基于两方面考虑:一方面,汽车市场一直是相关学术研究中常见的实验领域(Netzer 等,2012);另一方面,Edmunds.com 中有 33 个品牌实体的月度市场份额数据,为此类研究良好的数据来源。从 Edmunds.com 收集 33 个实体在 2013 年 4 月至 2014 年 3 月间的月度市场份额数据作为基准数据。同时,考虑用户的搜索行为与最终购买行为在时间上的延时性,且现有研究已经证明提前一个月的网络搜索日志可用于预测后续市场份额(Carrière-Swallow 和 Labbè,2013),因此,实验从 Google AdWords 收集 33 个实体自 2013 年 3 月至 2014 年 2 月的网络搜索日志,即使用提前一个月的搜索日志预测实体的市场份额,此部分实验共计收集到 3×10^{10} 条查询。

除了 5.5 节介绍的三种基准方法外,在本节的实验中还将 BCQ 方法与名为 QSV(Query Search Volume)的基准方法进行比较。该方法直接使用实体在前一个月的搜索量作为当月市场份额的预测,因此通过 QSV 方法的性能表现能够了解搜索量在市场份额预测方面的直接表现。通过运行 BCQ 方法及四种基准方法,计算每个品牌实体的月度市场份额,同时期的实际市场份额值从 Edmunds.com 处获取。随后,使用经典的均方根误差(RMSE)评估各方法计算得到市场份额的准确性,以比较不同方法衡量竞争程度的有效性。显然,RMSE 值越小,预测的准确性越高,竞争程度的衡量就越有效。具体而言,在每个时间周期 t 中,对于方法 P_j,其 RMSE 的计算如下:

$$RMSE_j^t = \sqrt{\sum_{e_i \in E}(s_j(e_i^t) - ms(e_i^t))^2 / N_E} \qquad (5-14)$$

其中,$s_j(e_i^t)$ 表示使用方法 P_j 预测的品牌 e_i 在 t 周期的市场份额,

$ms(e_i^t)$ 表示 Edmunds.com 提供的 e_i 在 t 周期的实际市场份额，N_E 表示品牌实体集合 E 中的实体数量。此外，基于 RMSE 值，方法 P_i 相对于方法 P_j 获取的提升为：

$$IMPR(P_i, P_j) = \frac{RMSE_j - RMSE_i}{RMSE_j} \times 100\% \quad (5-15)$$

2. 实验结果

图 5-6 展示了五种方法的 RMSE 结果，横坐标数值表示时间周期。从实验结果可知，在一年期的市场份额预测任务中 BCQ 方法能够取得最低的 RMSE 值，表明其与基准方法相比能够更有效地衡量实体间竞争程度，帮助管理者更好地了解市场份额结构，并提前制定恰当的营销策略。

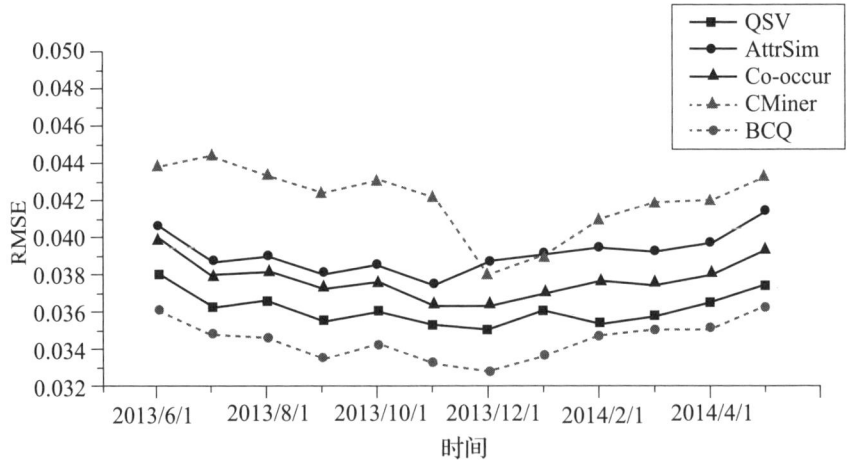

图 5-6　BCQ 及基准方法的 RMSE 结果

此外，实验还计算了 BCQ 相对于四种基准方法的 IMPR 值，其结果如表 5-7 所示。根据式（5-15），IMPR 衡量 BCQ 与基准方法相比在 RMSE 上提高的百分比，更大的 IMPR 值意味着 BCQ 与其他方法相比具有更好的预测性能。表 5-7 中的结果显示，BCQ 方法比基准方法具有更好的市场份额预测能力。

表 5-7　BCQ 相对于基准方法的 IMPR

时间	IMPR (BCQ, AttrSim)	IMPR (BCQ, Co-occur)	IMPR (BCQ, CMiner)	IMPR (BCQ, QSV)
2013/4/1	11.215%	9.115%	21.168%	4.891%
2013/5/1	10.737%	8.085%	19.329%	3.836%
2013/6/1	11.137%	9.229%	17.592%	5.090%
2013/7/1	10.831%	10.059%	22.137%	5.590%
2013/8/1	10.606%	9.038%	19.537%	5.065%
2013/9/1	11.890%	8.534%	20.918%	5.618%
2013/10/1	11.639%	9.766%	20.867%	6.348%
2013/11/1	11.356%	9.002%	21.311%	6.821%
2013/12/1	15.024%	7.641%	13.501%	1.863%
2014/1/1	13.569%	6.770%	13.344%	2.326%
2014/2/1	13.219%	8.029%	16.414%	4.017%
2014/3/1	11.660%	7.888%	17.307%	2.958%
均值	11.907%	8.596%	18.619%	4.535%

同时，表 5-8 展示了 BCQ 与基准方法配对 t 检验以及 Friedman 检验的统计结果，结果表明基准方法的 RMSE 值显著低于 BCQ，这些检验结果再一次有力证明了 BCQ 在预测市场份额以及衡量竞争程度上的优越性。

表 5-8　BCQ 及基准方法 RMSE 结果的配对 t 检验及 Friedman 检验

方法	假设	t 值	显著性
配对 t 检验	AttrSim 方法的 RMSE 值＞BCQ 方法的 RMSE 值	28.439	***
	Co-occur 方法的 RMSE 值＞BCQ 方法的 RMSE 值	32.084	***
	CMiner 方法的 RMSE 值＞BCQ 方法的 RMSE 值	17.770	***
	QSV 方法的 RMSE 值＞BCQ 方法的 RMSE 值	10.234	***

续表

方法	假设	χ^2 值	显著性
Friedman 检验	AttrSim 方法的 RMSE 值＞BCQ 方法的 RMSE 值	12.000	***
	Co-occur 方法的 RMSE 值＞BCQ 方法的 RMSE 值	12.000	***
	CMiner 方法的 RMSE 值＞BCQ 方法的 RMSE 值	12.000	***
	QSV 方法的 RMSE 值＞BCQ 方法的 RMSE 值	12.000	***

基于上述一系列实验，能够得出 BCQ 方法具有以下特性：

- BCQ 方法在衡量实体竞争程度方面的表现更优。
- 基于 BCQ 方法的结果，可以更准确地对竞争对手进行排序。
- BCQ 方法能够提供更准确的市场份额预测。

5.6　方法总结

企业竞争程度分析在企业战略制定和市场管理中起到重要作用，当前竞争程度分析方法大多依赖于消费者自报告和消费者访谈，基于产品属性评分或消费者考虑集来衡量企业间的竞争程度。这些方法不仅在数据时效性和数据规模上有所局限，难以响应数字经济时代市场竞争环境以及消费者偏好的快速变化，而且容易在调查过程中受到消费者认知偏差的影响，致使竞争程度分析结果不够精确。

基于此，本章介绍了一种名为 BCQ 的竞争程度分析新方法，该方法使用网络搜索日志衡量给定实体间的竞争程度。BCQ 方法首先将实体在网络搜索日志中的关联属性作为中间词构建二部图模型，随后引入竞争路径的概念，通过实体在二部图中的竞争路径计算竞争程度。本章还利用基于真实搜索引擎数据的方法示例，进一步说明了 BCQ 方法分析实体竞争程度的详细过程及其为管理者提供的管理启示。

此外，本章针对 BCQ 方法框架设计了相应的算法，通过理论分析和数值实验验证了该算法的计算效率。同时，本章使用网络搜索日志数据，分别开展基于搜索日志的竞争者排序实验和市场份额预测实验。实验结果证明，与现有方法相比 BCQ 能够更准确地衡量实体间的竞争程度，基于 BCQ 方法计算得到的竞争程度能够实现更有效的竞争者排序和市场份额预测。

作为企业竞争智能的重要组成部分，基于网络搜索日志的竞争程度分析方法 BCQ 克服了传统竞争程度分析方法的局限，拓展了智能分析方法在企业竞争中的应用场景。通过 BCQ 分析得到的竞争程度结果能够在识别竞争者的基础上，帮助管理者深入透彻地分析竞争对手，有利于企业差异化应对竞争对手，在市场竞争中获取更大的竞争优势。

第6章
竞争性搜索引擎广告关键词推荐

6.1 方法背景

搜索引擎广告（Search Engine Advertising，SEA）是基于搜索引擎平台的广告营销活动，它以用户的查询活动为主要依据，依托于用户日常必不可少的信息搜索行为，成为数字经济时代的主要营销渠道之一。由于搜索引擎广告高定位、低成本、高灵活性和变异性等优势，大量企业将其作为主要营销手段，用来在竞争对手的消费群体中提升自身的品牌影响力，甚至实现抢占客户扩大市场的目的。在搜索引擎广告中，广告主对与其业务相关的特定关键词出价，当用户在搜索引擎中查询这些竞价所得的关键词时，相应的广告会与搜索结果共同展示给用户，达到宣传推广的目的。例如，上海的雀巢牛奶经销商会对"雀巢上海"这一关键词出价，并将与雀巢牛奶相关的广告发布在"雀巢上海"这一关键词的搜索结果旁边，查询"雀巢上海"的用户就可能对广告感兴趣并进行点击。搜索引擎广告能够帮助企业针对潜在消费者开展广告营销活动，同时也催生了大量搜索引擎广告关键词的推荐方法，帮助企业实现更优的搜索引擎广告营销。

搜索引擎广告关键词推荐通常生成一组与广告主预先定义的种子关键词相关的关键词，这些关键词可视为对业务内容的扩展描述，例如，当雀巢牛奶经销商计划做搜索引擎广告时，搜索引擎广告关键词推荐方法可向其推荐"雀巢牛奶价格""雀巢牛奶质量""雀巢牛奶配方"等关联关键词。

近年来,大量学术研究关注搜索引擎广告的关键词推荐问题。一种常见方法是基于搜索日志进行共现分析,推荐与种子关键词经常在搜索日志中共同出现的关键词,指导优化搜索引擎广告的投放(Zhang 等,2014)。由于搜索日志能够及时反映用户意图,此类方法已成为 Google AdWords、百度营销等搜索引擎广告市场采用的主流技术,用于向广告主推荐关键词。但是,在大多数情况下,基于共现方法推荐的关键词十分流行,其在搜索引擎广告竞价中的价格很高。虽然搜索引擎中包含超过十亿的查询关键词,但基于共现的方法将广告主限制在少数、高成本的关键词上(Bartz 等,2006)。在现实中,大量的长尾关键词也与种子关键词相关并占有很大流量,却被现有方法所忽略(Szpektor 等,2011)。

此外,现有基于共现的关键词推荐方法无法从竞争的角度推荐关键词,无法支撑竞争性广告营销策略的实施。目前,竞争性搜索引擎广告正在成为一种新兴的搜索引擎广告策略,吸引了越来越多广告主的关注。这一策略旨在将广告与竞争对手的搜索结果共同展示给用户。例如,图 6-1 显示了 Bing 广告市场中的一个竞争性搜索引擎广告,作为平板电脑提供商,Google 竞价购买了"kindle fire"这一关键词,向查询其竞争对手 Kindle Fire 的用户展示自身产品 Nexus 的广告。竞争性搜索引擎广告的价值和有效性体现在两个方面。首先,它能够帮助广告主找到并吸引更多潜在消费者观看其广告,了解产品或服务,因为查询某些产品的用户很可能会对竞争对手提供的具有相似特征或功能的产品感兴趣。正如图 6-1 所示,一个想要购买平板电脑的用户起初可能对 Kindle Fire 感兴趣,想要通过搜索引擎查询来了解相关信息,但在搜索结果页面浏览 Nexus 的广告内容后，该用户很可能会产生尝试了解 Nexus 的想法，进而从 Kindle Fire 切换到 Nexus，竞争性搜索引擎广告增加了用户从 Kindle Fire 转换到 Nexus 的可能性。其次，竞争性广告营销策略能够帮助广告主抢占竞争对手的潜在市场份额，这对于广告主在市场中通过营销建立竞争优势至关重要。广告主可以直接在与竞争对手相关的关键词搜索页面上做广告，以实现竞争性广告营销的目的。这种基于竞争性关键词的广告策略有助于 Nexus 通过 Kindle Fire 创造的市场获取更多收益，因此利用竞争性关键词在搜索引擎中投放竞争性广告，对广告主而言是一种新颖且有价值的广告营销策略。

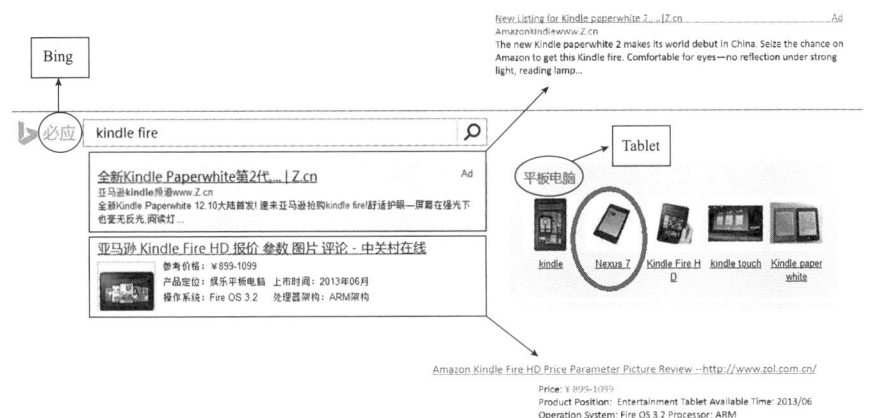

图 6-1　竞争性搜索引擎广告示例

若想实现竞争性搜索引擎广告的有效投放，广告主需要了解竞争性关键词。但受到认知局限性的影响，广告主在头脑中能够想到的竞争性关键词数量非常有限，同时由于竞争性关键词很少与种子关键词在用户查询中同时出现，现有基于共现的方法难以实现竞争性关键词的推荐。为解决这一问题，本章介绍一种名为 TCK 的新方法，该方法通过捕捉网络搜索日志中潜在的话题，实现竞争性广告关键词的自动推荐。给定一个种子关键词，TCK 方法首先基于与种子关键词的间接关联，广泛挖掘候选竞争性关键词集合，随后根据搜索日志构建话题模型，将候选词映射到相应的主题结构分布中，并将其与因子图模型集合，进一步过滤保留有效关键词，最终实现竞争性关键词的推荐。最后，本章进一步验证了 TCK 方法进行竞争性搜索引擎广告关键词推荐的有效性。

6.2　竞争性搜索引擎广告关键词推荐方法

基于主题的竞争性搜索引擎广告关键词推荐方法 TCK 的框架如图 6-2 所示。TCK 方法包括两个步骤：第一步通过对关键词的间接关联分析生成候选竞争性关键词集合；第二步则构建基于主题的因子图模型，从候选集合中进一步筛选与种子关键词具有竞争关系的关键词，实现竞争性搜索引擎广告关键词推荐。接下来的 6.2.1 节和 6.2.2 节将分别详细介绍 TCK 方法的两个阶段。

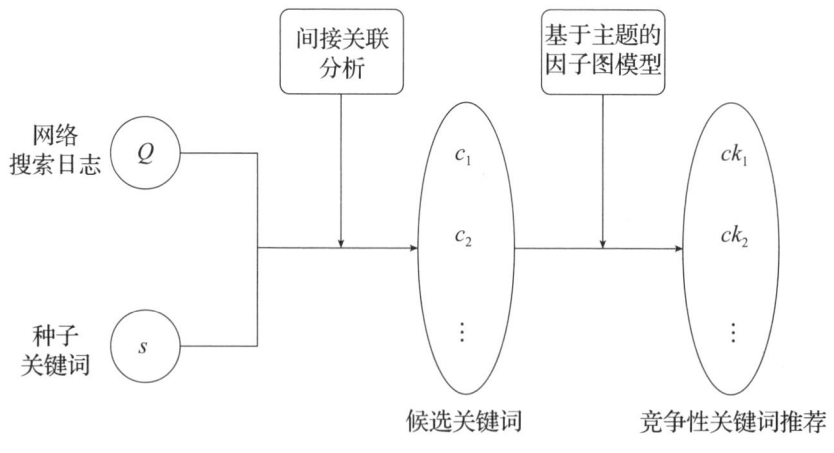

图 6-2　TCK 方法框架

6.2.1 候选关键词提取

假设 Q 是一段时间内包含 n 条查询记录的网络搜索日志，Q 中的每个查询 q 包含两个部分 $q.kw$ 和 $q.vol$，分别表示查询关键词和相应的搜索量。表 6-1 显示了一天内百度中与洗护产品"潘婷"相关的查询日志示例。

表 6-1　与"潘婷"相关的网络查询日志示例

$q.kw$	$q.vol$
潘婷	560
潘婷洗发水	150
潘婷护发素	40
潘婷乳液修护洗发水	20
潘婷防脱发	5
潘婷发膜	20
潘婷官网	30
⋮	⋮

定义 6.1（关键词搜索量）　给定一段时间内的网络搜索日志集合 Q，对于关键词 k，其搜索量（表示为 $k.vol$）可计算为包含 k 的所有查询的搜索量总和。

$$k.vol = \sum_{q \in Q, k \in q.kw} q.vol \qquad (6-1)$$

定义 6.2（关联关键词）　给定一段时间内的网络搜索日志集合 Q 和关键词 k，对于关键词 a，若 Q 中至少存在一个查询 q 满足 $k \in q.kw$，$a \in q.kw$，则定义关键词 a 为 k 的关联关键词。

通常而言，在网络搜索日志集合 Q 中存在多个与 k 关联的关键词，因此，可定义关联关键词集合 $k.AK$，其包含所有与 k 关联的关键词，如式（6-2）所示。

$$k.AK=\{a\mid \exists q\in Q, k\in q.kw \wedge a\in q.kw\} \quad (6-2)$$

给定种子关键词 s，可根据定义 6.2 从 Q 中提取关联关键词集合 $s.AK$。这些与种子关键词共同被查询的关联关键词在一定程度上可作为其特征表示。例如，对于种子关键词"潘婷"，关联关键词集合｛洗发水，护发素，乳液修护洗发水，防脱发，发膜，…｝是对"潘婷"特征的不同方面的描述。现有基于共现的关键词推荐方法会将关联关键词直接推荐给广告主，但它们不是竞争性关键词，无法实现竞争性搜索引擎广告。值得注意的是，$s.AK$ 中的关键词可能同时与 s 的竞争对手关联，例如，"潘婷"的关联关键词｛洗发水，护发素，乳液修护洗发水，防脱发，发膜，…｝也会与"联合利华"在用户查询中共同出现，而"联合利华"很大程度上是"潘婷"的竞争对手，所以可通过这样的间接关系发掘竞争性关键词。$s.AK$ 中的关联关键词反映了用户在竞争对手和种子关键词上感知到的共同主题，因此，可进一步利用包含在搜索日志中的潜在主题信息，分析日志中关键词的间接关联关系，以提取可供广告主使用的竞争性关键词。

给定网络查询日志 Q 及 Q 中所有关键词集合 K，对于种子关键词 s，可通过遍历 Q 获取关联关键词集合 $s.AK$。对于 $s.AK$ 中的每个关键词 a，可通过类似的方式获取其关联关键词集合 $a.AK$。如上所述，$a.AK$ 中的关键词是关键词 s 的候选竞争性关键词。因此，对于所有 $a\in s.AK$，将全部的 $a.AK$ 归并，可获得候选竞争性关键词集合 $s.Cand$。候选竞争性关键词的生成过程可描述如下：

$$Finds.Cand = c_1, c_2, \cdots, c_n$$
$$\text{s.t.} \quad S.Cand \in K \tag{6-3}$$
$$\forall c_x \in s.Cand, \exists a \in s.AK \bigcap c_x.AK$$

6.2.2 基于主题的竞争性关键词推荐

对于种子关键词 s，TCK 方法的第一阶段通过关键词的间接关联关系提取一组广泛的候选竞争性关键词集合 $s.Cand$。但是，候选集合中可能存在一些噪声，无法直接作为竞争性搜索引擎广告的竞价关键词。对于一个关键词，用户对它的感知可看作由一系列的主题结构综合而成。具体到网络搜索日志中，每个关键词的关联关键词集合可作为对这个关键词对应主题的直接描述，全面反映了众多用户对该关键词所代表事物的认知。在市场环境中，关键词之间的竞争关系主要由用户感知的主题共同性驱动，因此提取主题结构能够在很大程度上有助于从候选关键词集合中识别有效的竞争性关键词。为实现关键词的主题提取，TCK 方法使用 LDA 模型（Blei 等，2003）进行主题建模。LDA 模型是一种无监督的机器学习技术，常用于识别大型文本集合中包含的潜在主题。LDA 模型假设每个文档都是关于多个主题的分布，而每一个主题又是关于词组的分布。在网络搜索日志中，种子关键词以及候选关键词的关联关键词可充当它们的特征文档反映其主题构成，因此，TCK 方法利用网络搜索日志收集关键词的特征文档，在此基础上设计基于 LDA 的主题提取模型，框架如图 6-3 所示。

假设给定一个种子关键词 s，根据关联关系可提取其候选竞争性关键词集合 $s.Cand$。种子关键词 s 及候选关键词构成了新的关键词集合 $I = s \bigcup s.Cand$，该集合中的每个关键词 i 都拥有一个关联关键词列表

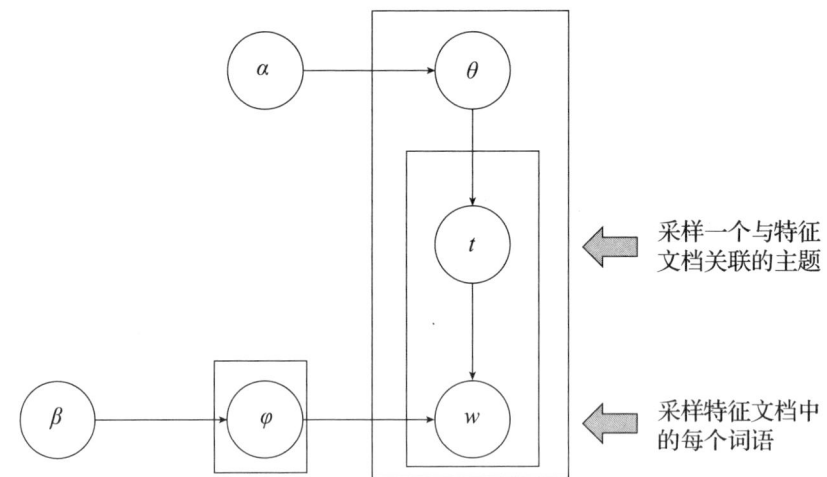

图 6-3 基于 LDA 的网络搜索日志主题提取模型

$i.AK$。关联关键词汇集了众多用户的查询,可看作对 i 的一个特征描述文档。同时,根据定义 6.1,网络搜索日志中每个关联关键词都有对应的关键词搜索量,因此每个关键词 i 的特征文档可定义为:

$$i.Prof = \{(w, w.vol) | w \in i.AK\} \quad (6-4)$$

其中,w 为组成特征文档的关键词,$w.vol$ 表示其对应的搜索量。特征文档 $i.Prof$ 表明搜索引擎用户如何感知并描述关键词 i。为 I 中的全部关键词构建特征文档,并将其组合构成查询语料库 $Corp = \{i.Prof | i \in I\}$,作为文本数据源提取 I 中关键词的潜在主题。

根据 LDA 模型框架的定义,每个关键词 i 的特征文档 $i.Prof$ 可表示为一系列主题 $T=t$ 上的多项式分布 $Mult(\theta)$,且每个主题 t 是 $Corp$ 中词语集合 $W=w$ 上的多项式分布 $Mult(\varphi)$。θ 和 φ 分别表示具有超参数 α 和 β 的两个 Dirichlet 分布,可表示为 $\theta \sim Dir(\theta|\alpha)$ 和 $\varphi \sim Dir(\varphi|\beta)$。对于特征文档 $i.Prof$ 中的每个词语 w,首先从 $i.Prof$ 的主题多项式分布 $Mult(\theta)$ 中采样一个主题 t,随后从与主题 t 相关的词语多项式分布

$Mult(\varphi)$ 中对观察到的词语 w 进行采样。因此，查询语料库 $Corp$ 中每个词语 w 的生成概率可表示为：

$$p(w|i.Prof) = p(w|t,\beta)p(t|i.Prof,\alpha)$$
$$= \int p(w|\varphi)Dir(\varphi|t,\beta)\mathrm{d}\varphi \int p(t|\theta)Dir(\theta|i.Prof,\alpha)\mathrm{d}\theta \quad (6-5)$$

在特征文档中，每个关键词 w 都对应一个搜索量 $w.vol$，表示该关键词在该特征文档中出现的频率，按照式（6-5）对关键词 w 重复进行 $w.vol$ 次采样处理，并对全部特征文档按照相同方式进行抽样，最终获得观察到的查询语料库 $Corp$，其生成概率可表示为：

$$p(Corp) = \prod_{i \in I} \prod_{w \in i.Prof} \prod_{1 < r < w.vol} p_r(w|i.Prof) \quad (6-6)$$

TCK 方法使用 Gibbs 采样算法（Griffiths，2002）来估计模型中的参数 θ 和 φ 以及潜变量 t，Gibbs 采样是一种利用近似推理算法来学习和推断模型的估计方法。在参数估计之后，可获取关于关键词的潜在主题信息，每个关键词 i 投射为一个主题分布 p_t，其中 p_t 表示关键词 i 属于主题 t 的概率。从搜索引擎用户的角度来看，p_t 表示由关键词 i 代表的事物在多大程度上可以与其他替代关键词在主题 t 上形成竞争关系。

LDA 模型提取的主题结构映射了每个关键词在不同主题上的分布，这可以作为推断关键词之间竞争关系的线索。除了通过主题模型得到主题信息之外，在确定关键词竞争关系时，还应考虑每个关键词的查询信息。例如，每个关键词的搜索量反映了其在用户心中的受欢迎程度，在一定程度上揭示了该关键词的市场地位。值得注意的是，一对关键词所代表的竞争者之间的竞争关系还可能与市场中活跃的其他竞争者相关，而不是独立的。一个产品可能同时与市场上活跃的许多其他产品形成竞争关系，企业需要在多重竞争关系上分配其有限的资源，这种资源分配会进一步影响不同竞争关系的强度，即一组竞争关系可能会同时影响到另一组竞争关系。例如，在汽车市场上，丰田与日产、本田同时形成竞争关系，丰田与日产的竞争可能会在某种程度上转移丰田对于本田的关注程度。因此在预测关键词的竞争关系时，需要考虑竞争关系之间的依赖性。综上，TCK方法主要考虑两部分信息推断关键词之间的竞争关系：（1）每个关键词的自身特征，包括搜索量和主题分布；（2）关键词与市场上其他关键词形成的不同竞争关系。TCK在候选关键词提取阶段为每个种子关键词生成了一组候选竞争性关键词，最终将使用上述两类信息推荐有效的竞争关键词用于竞争性搜索引擎广告。

具体而言，给定种子关键词s以及$s.Cand$中的候选关键词c，TCK方法需要预测两个关键词之间的关系$<s, c>$是否具有竞争性，这里可以采用因子图模型对关键词是否存在竞争关系进行分类。因子图模型是图模型的一种，能够直观表示节点和边之间的依存关系结构。在TCK方法中，利用每个关键词及其与其他关键词间的关联关系构成一幅图，图中的每个节点代表一个关键词，每一条边代表一对关键词之间的关系，因子图模型的目标是预测所有边的类型，估计每个边连接的节点是否构成有效的竞争关系。

如前所述，主题信息和查询日志信息是预测关键词竞争关系的重要特征，因此可在因子图模型中使用。针对图中的每条边，可从网络搜索日志中提取与其相关联的一组特征$X = x_1, x_2, \cdots, x_n$，而图中关键词之间的关系（记作$L$）可表示为特征$X$上的条件概率$p = \{L|X\}$。也就是说，这些特征在一定程度上决定了每对关键词是否构成竞争关系，因此图中的每条边j的类型标签l_j有两种不同类型，分别为存在竞争关系和不存在竞争关系。对于标签为l_j的一个边，$F(l_j, X)$是与边及相连两个节点特征X相关的特征函数，而$H(l_j, L)$则是考虑不同边之间

相关性的区域函数。因此,关键词之间的关系可表示为如下的因子图模型:

$$p(L|X) = \prod_j F(l_j, X) H(l_j, L) \qquad (6-7)$$

其中,j 是每对关键词之间的关系索引,l_j 表示这组关系对应的标签。为不失一般性,特征集合 X 考虑了网络搜索日志的两个主要功能:其一是每条边上所关联关键词的搜索量;其二,如上文所述,每个候选竞争性关键词与种子关键词共享一个中介关键词,因此候选关键词与中间关键词的联合搜索量也包含在 X 中,表示两个关键词节点与边上共同的中介关键词之间的关联关系。值得注意的是,关键词搜索量能代表网络搜索日志中的大部分信息,在因子图模型中,特征集合 X 仍是一个灵活的向量,可根据具体条件将其他与搜索日志相关的特征进行集成考虑。区域函数 $H(l_j, L)$ 表示图中的每条边与其他边的关联程度,在 TCK 方法中将边之间的关联程度定义为两条边之间是否共享一个关键词,当两个竞争关系同时共享一些关键词时,它们在市场中可能互相频繁影响。这种关键词的共享现象反映了不同竞争关系之间的重叠,纳入模型能够量化竞争关系的相互依赖与影响。

除了搜索日志中的搜索量信息外,TCK 方法还纳入了每个关键词在搜索日志中的主题特征,两个具有竞争关系的关键词应有相似的主题,主题信息对于判断竞争关系也具有重要作用。因此,使用主题信息对因子图模型进行扩展,如下所示:

$$p(L|X, Q) = \prod_j F(l_j, X) T(l_j, p_{j1}, p_{j2}) H(l_j, L) \qquad (6-8)$$

其中,p_{j1} 和 p_{j2} 表示边 j 关联的两个关键词的主题分布概率,模型中增加的因子 $T(l_j, p_{j1}, p_{j2})$ 表示基于主题结构条件下 l_j 的后验概率。

根据已有文献，可将因子图模型中的函数定义为指数线性函数，具体定义如下：

$$F(l_j, X) = \frac{1}{z_1} \exp\left\{\sum_m \mu_m \times f_m(l_j, X)\right\} \qquad (6-9)$$

$$H(l_j, L) = \frac{1}{z_2} \exp\{\sigma \times h(l_j, L)\} \qquad (6-10)$$

$$T(l_j, p_{j1}, p_{j2}) = \frac{1}{z_3} \exp\{r \times t(l_j, p_{j1}, p_{j2})\} \qquad (6-11)$$

其中，z_1，z_2，z_3 是归一化因子，$f_m(l_j, X)$ 表示第 m 个特征函数，$h(l_j, L)$ 是表示关键词关系之间相关性的指示函数，$t(l_j, p_{j1}, p_{j2})$ 表示关系 l_j 中两个关键词主题结构的相似度。TCK 方法的学习过程为估计 $(\alpha, \beta, \mu, \sigma, r)$ 的参数配置，以最大化式（6-8）的概率。完成模型学习和训练过程需要两个步骤：第一步，使用 Gibbs 采样最大化 $p(Corp|\alpha, \beta)$，根据 LDA 模型的结果，使用和积算法最大化联合概率 $p(L|X, Q)$；第二步，使用梯度下降法更新每轮迭代中的参数。由于图模型的结构可能包含循环，因此采用 LBP（Loopy Belief Propagation）近似算法获取参数的更新梯度。模型的学习过程将重复上述两个步骤，直到式（6-8）中的联合概率收敛。模型学习完成后，因子图模型中每对关键词之间的关系被标记为竞争性或非竞争性，那些标记为具有竞争性的关键词会被推荐给广告主用于投放竞争性搜索引擎广告。

6.3 方法示例

本节通过一个真实的方法示例，详细说明 TCK 方法推荐竞争性搜索引擎广告关键词的过程，该示例以"百威"作为种子关键词，基于百度的网络搜索日志，挖掘与其具有竞争关系的关键词。

首先，从网络搜索日志中提取"百威"的关联关键词，部分示例如图 6-4 所示。图中根节点表示种子关键词，节点之间的边表示关键词之间的关联关系。"啤酒"是"百威"的一个关联关键词，因为它们经常在用户查询中共同出现，传统的关键词推荐方法会将"啤酒"直接推荐给广告主，因为它可以帮助百威广告主针对查询"啤酒"的客户投放广告。然而，在啤酒市场上大量竞争商家与百威共同使用"啤酒"这一关键词，激烈的竞争急剧增加了百威广告主获得关键词的难度，提升了对"啤酒"投放搜索引擎广告的成本，这种问题对于"啤酒代理""生啤"等位于图中第二层的其他关联关键词同样存在。

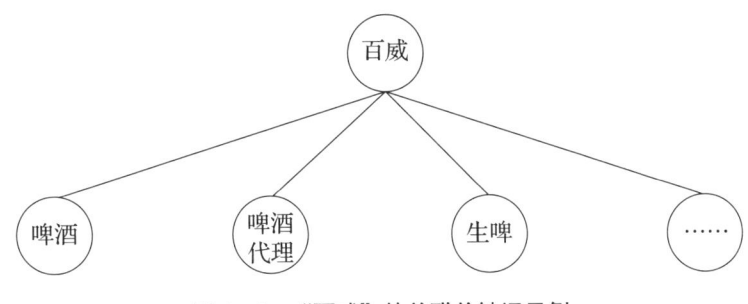

图 6-4 "百威"的关联关键词示例

在分析关联关键词的基础上，TCK 方法进一步分析了关键词之间的间接关联，即分析图中第二层关键词的关联关系，将关键词关系树扩展为如图 6-5 所示的三层，第三层中的关键词通过第二层关键词与种子关键词"百威"构成间接关联关系。正如 6.2 节中介绍的，可将第三层关键词视为"百威"候选竞争性关键词，因为它们与"百威"拥有相同的主题。大部分候选关键词，如"喜力"，都是"百威"的竞争关键词，它们在啤酒市场上相互竞争，并因为主题相似，而被用户与"啤酒""啤酒代理""生啤"等联合关键词共同搜索。

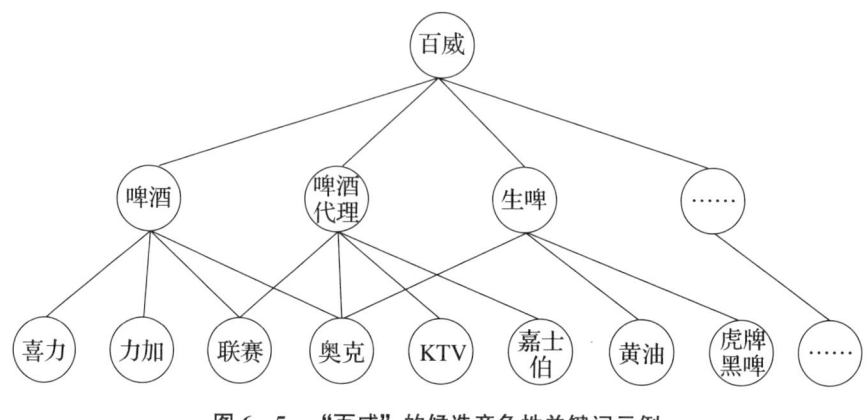

图 6-5 "百威"的候选竞争性关键词示例

较为明显的是,图 6-5 中的一些候选关键词无法有效用于竞争性广告,如"联赛"。因此 TCK 方法将进一步提取这些候选关键词的主题信息,以去除候选集合中的噪声。对于图 6-5 中的每个候选关键词,TCK 方法提取与其关联的关键词作为它们的特征文档。利用这些特征文档,构建基于主题的因子图模型,将候选关键词与"百威"之间的关系标记为竞争性或非竞争性。在图 6-6 中,候选关键词"联盟""KTV""黄油"被滤掉,因为它们与"百威"之间没有竞争关系。通过删除这些非竞争性关键词,最终能够向广告主推荐一组高质量的竞争性关键词。

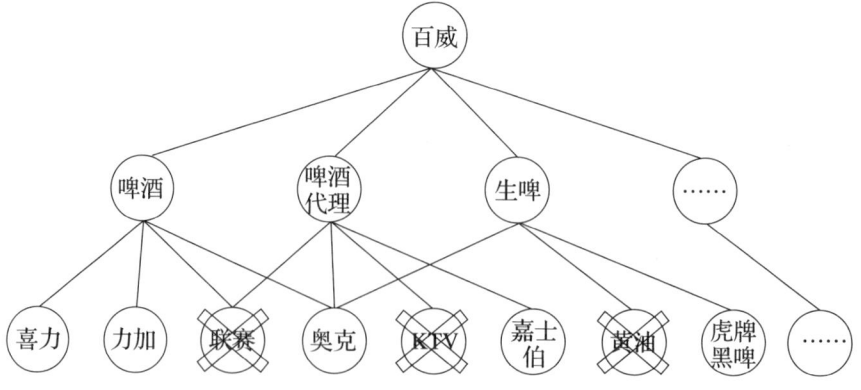

图 6-6 "百威"的竞争性关键词推荐示例

上述对"百威"的分析,表明 TCK 方法能为广告主推荐有效的竞争性关键词,帮助广告主有针对性地投放竞争性搜索引擎广告。

6.4　算法与效率分析

为了更好地呈现 TCK 方法基于主题结构推荐竞争性搜索引擎广告关键词的过程,本节将介绍 TCK 的算法细节并分析计算复杂度,同时讨论不同数据规模下 TCK 方法的计算效率。TCK 方法的计算细节如算法 4 所示。

算法 4:TCK 算法

输入:网络搜索日志集合 Q,种子关键词 s。
输出:$CK=ck_1$,ck_2,…
开始:
/*预处理数据日志集合 Q*/
1. Preprocessing(Q);
/*初始化*/
2. CAND $=\Phi$　　　/*存储候选竞争性关键词*/
3. RELATION $=\Phi$　/*存储关键词关系对用于因子图模型*/
4. TRIPLE $=\Phi$　　/*存储因子图模型的三元组信息*/
5. CORP $=\Phi$　　　/*存储 LDA 模型训练语料*/
/*候选关键词提取*/
6. $s.AK = Find\_Associative\_Keyword\_Set(Q, s)$
7. $s.Prof = Build\_Characteristic\_Profile(Q, s.AK)$
8. $CORP = CORPUs.Prof$
9. **for** each $a \in s.AK$ **do**
10.　　　$a.AK = Find\_Associative\_Keyword\_Set(Q, a)$
11.　　**for** each $c \in a.AK$ **do**
12.　　　　$CAND = CANDUc$
13.　　　　$RELATION = RELATIONU<s, c>$
14.　　　　$X = Calculate\_Feature\_Vector(Q, <s, c>)$
15.　　　　$TRIPLE = TRIPLEU<s, c, X>$
16.　　　　$c.AK = Find\_Associative\_Keyword\_Set(Q, c)$
17.　　　　$c.Prof = Build\_Characteristic\_Profile(Q, c.AK)$

18.　　　　$CORP = CORPUc.Prof$
19.　　end for
20. end for
21. $I = CANDUs$
/ * 基于主题信息的关键词推荐 * /
22. repeat
23. 　repeat
24. 　　　for each topic t do
25. 　　　　　$Gibbs_Sample_Mixture\varphi \sim Dir(\varphi, \beta)$
26. 　　　end for
27. 　　　for each keyword $i \in I$ do
28. 　　　　　$i.Prof = Get\_Characteristic\_Profile(CORP, i)$
29. 　　　　　$Gibbs_Sample_Mixture\theta \sim Dir(\theta|\alpha)$
30. 　　　　　for each word $w \in i.Prof$ do
31. 　　　　　　　repeat
32. 　　　　　　　　　$Gibbs_Sample_Topict \sim Mult(t|\theta, \alpha, i.Prof)$
33. 　　　　　　　　　$Gibbs_Sample_wordw \sim Mult(w|\varphi, \beta, t)$
34. 　　　　　　　until $w.vol$ rounds
35. 　　　　　end for
36. 　　　end for
37. 　until Convergence
38. $IT = Update\_Topic\_Distribution(I, \theta, \varphi)$
39. 　repeat
40. 　　　$Calculate\_Likelihood\_Equation\_Through\_LBP(Q, TRIPLE, IT)$
41. 　　　$(\mu, \sigma, r) = Update\_Parameters\_Gradient\_Descent(Q, TRIPLE, IT)$
42. 　until Convergence
43. until Convergence
44. $L = Label\_Relaitonships(TRIPLE, \mu, \sigma, r)$
45. $CK = Get\_Effective\_Competitive\_Keyword\_Set(TRIPLE, L)$
46. **OutPut(CK)**

　　TCK方法主要由两个阶段组成。第一阶段生成给定种子关键词的候选竞争性关键词，该阶段通过两层的共现分析从网络搜索日志中查找候选关键词。对于种子关键词，从网络搜索日志 Q 中提取其关联关键词，对于每个关联关键词，进一步从 Q 提取与其关联的关键词。两层共现分析均需要逐条查询，因此，TCK 第一阶段的时间复杂度主要由两个参数决定，即网络搜索日志的数量以及种子关键词的关联关键词数

量。假设网络搜索日志的数量为 l，种子关键词平均有 n 个关联关键词，则 TCK 第一阶段的时间复杂度为 $O(ln)$。

TCK 的第二阶段利用关键词的潜在主题结构识别竞争性关键词，将关键词的挖掘问题转化为通过因子图模型对关键词间关系的分类预测。为实现这一目的，需训练一个预测函数以最大化式（6-8）中的联合概率。在每一轮迭代中，均需要在整个网络搜索日志上更新一次 LDA 模型，因此 LDA 模型的训练时间对整个第二阶段的计算效率至关重要。LDA 在整个语料库上对主题和关键词重复抽样，假设一个关键词平均有 n 个关联关键词，则语料库的大小约为 n^2，假设语料库中的关键词有 m 个潜在主题，LDA 建模的时间复杂度为 $O(mn^2)$。

上述分析表明，TCK 的整体时间复杂度可表示为 $O(ln+mn^2)$。与网络搜索日志的庞大数量相比，关联关键词和潜在主题的数量通常较小，即 $m,n^2 \ll l$。因此 TCK 的计算时间复杂度主要由网络搜索日志的数量 l 线性决定。

与此同时，本节还通过数据实验验证了 TCK 方法在处理大量网络搜索日志时的运行效率。如上所述，网络搜索日志的数量 l 影响 TCK 的计算时间复杂度。为了验证不同网络搜索日志数量下 TCK 方法的效率，实验中通过合成的方式创建了规模在 $10^4 \sim 10^5$ 之间不等的测试数据，这样的数据规模范围接近于真实条件下搜索引擎的常规查询日志数量。在合成的网络搜索日志数据中，随机生成每条日志的查询关键词和查询数量。TCK 方法的效率实验结果如图 6-7 所示，表明 TCK 方法呈现近似线性的计算效率，证明 TCK 具有处理大规模数据集的潜力。此外，TCK 方法还可通过更强大的计算平台，如并行计算和分布式计算等进一步加快处理和运行速度。

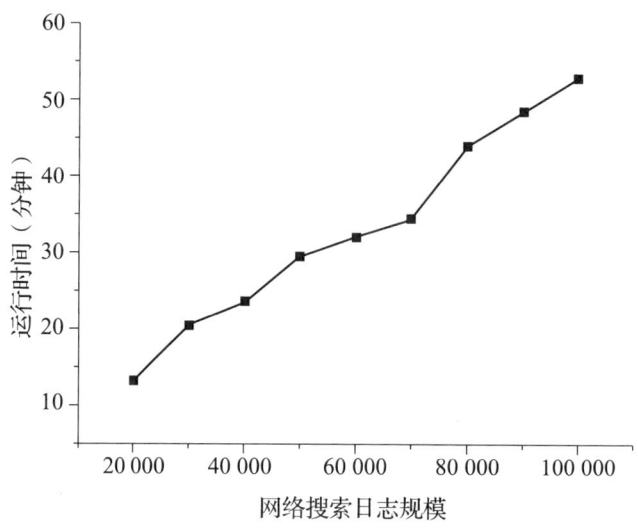

图6-7 不同网络搜索日志规模下TCK方法的运行时间

TCK方法在计算上呈现较好的扩展性。同时,由于可以提前收集网络搜索日志,因此在实践中主要将TCK方法布置在后台,通过离线分析的方式实现竞争性关键词推荐。当广告主在前台请求发布竞争性搜索引擎广告时,可将后台计算的竞争性关键词直接呈现给他们。由于网络搜索日志的更新频率极高,TCK方法也能够覆盖大多数用户在一段特定时间内的搜索关键词,这从数据的角度保证了方法的时效性。

6.5 数据实验

TCK方法能够扩展广告主投放搜索引擎广告时的关键词选择范围,还能够帮助广告主实现竞争性搜索引擎广告推广策略。因此,本节从上述两个角度分别进行数据实验,以证明TCK的有效性。实验主要回答以下两个问题:

- 问题1：从与种子关键词的相关性角度看，TCK方法的关键词推荐结果与现有方法相比是否更准确、更全面、更新颖？
- 问题2：从与种子关键词的竞争性角度看，与现有搜索引擎关键词推荐方法相比，TCK方法是否能够推荐更准确、更全面、更新颖的竞争性关键词？

问题1主要衡量TCK方法挖掘的关键词与种子关键词的相关性，检验其扩展广告主关键词选择范围的能力；问题2则关注TCK方法实现竞争性搜索引擎广告的能力，衡量方法推荐的关键词与种子关键词之间的竞争性。

6.5.1 实验设置

1. 数据描述

本节利用从百度营销收集得到的网络搜索日志数据进行一系列数据实验。百度营销是中国最大的搜索引擎平台百度提供的搜索引擎广告关键词工具。给定一个关键词，百度营销支持对包含该关键词的搜索日志数据下载，经过平台内置的分词、短语聚合、词语聚类等功能，百度营销提供的搜索日志数据以更结构化的形式出现。因此，收集的网络搜索日志数据主要由搜索关键词及对应的每日搜索量构成，如表6-1所示。

为了验证TCK方法的有效性，实验随机挑选了不同领域的20个产品品牌作为种子关键词，如表6-2所示。为了保证种子关键词的领域多样性，20个种子关键词是从淘宝网的主流产品或服务类别中随机选取的（Reuters，2012）。围绕这些种子关键词，实验通过2014年10月的约8500条百度搜索日志进行验证分析。

表 6-2 实验选取的种子关键词

序号	种子关键词	序号	种子关键词
1	百威	11	潘婷
2	康力	12	平安保险
3	高露洁	13	Skype
4	哥伦比亚	14	索尼
5	多芬	15	汰渍
6	芬达	16	途牛
7	iReader	17	味多美
8	浪琴	18	又拍网
9	魅族	19	吉野家
10	美的	20	御泥坊

2. 基准方法

为了验证 TCK 方法的性能，选取六种基准方法进行比较实验。第一种基准方法是不考虑主题建模的因子图模型 FGM。如上所述，TCK 方法将竞争性关键词推荐问题转化为对关键词关系的分类问题，因此还选取了两类经典的分类方法与 TCK 进行比较，分别是 libSVM（Zhang 等，2014；Chang 和 Lin，2011）和 Logistic（Hastie 等，2009）模型。实验在运行这三种方法时使用了与 TCK 方法相同的候选关键词和特征属性。

已有关键词推荐的学术研究主要包括三类方法，即基于共现的方法、基于近似的方法以及基于元标记的方法。考虑到在网络搜索日志的数据情景中，无法引入外部知识进行元标记，因此在实验中选取基于共现的方法 Co-occur 以及基于近似的方法 Proximity 与 TCK 的效果进行比较。对于 Co-occur 方法，使用百度营销这一成熟的搜索引擎广告关键词工具，该工具能够提供在百度搜索日志中与种子关键词共同出现的关键词，实验中将这些关键词作为 Co-occur 方法的推荐结果。对于 Proximity 方法，为每个关键词创建语义向量并计算关键词之间的语义相似性，将与种子关键词相似度高的关键词推荐给广告主。为了进行比较，实验中首先根据网络搜索日志中每个关键词的关联关键词构建语义向量，计算得到相似度高于平均水平的关键词作为 Proximity 方法的推荐关键词。

此外，实验还选取了竞争者识别方法 CMiner（Valkanas 等，2017）进行比较。该方法旨在挖掘给定关键词的竞争者，因此也可用于竞争性关键词推荐。CMiner 方法将事物之间的竞争程度定义为它们在特征上的重叠程度，并通过定义关键词之间的覆盖程度来挖掘竞争性关键词。实验中将高于平均覆盖水平的关键词作为 CMiner 方法的关键词推荐结果。

3. 评价方法和评价指标

本节的数据实验使用 TREC 评价方法以验证 TCK 方法的有效性。TREC 评价方法是信息检索和搜索引擎性能的经典评估方法之一（Can 等，2004），也广泛应用于关键词推荐方法的效果评价（Fuxman 等，2008；Wu 等，2009）。推荐关键词的真实标签由 6 名专家评判给出，为了确保评价的质量，所有评判专家均为管理信息系统专业的博士生，他们均表示熟悉搜索引擎广告。在评估过程中，每个推荐关键词均与对应的种子关键词配对展示给评判专家，通过整理 TCK 方法及六种基准方法的推荐结构，共生成约 12 000 对需要判断的关键词组合。为了确保公平性，在评估过程中对评判专家屏蔽了所使用的推荐方法名称，并将不同方法生成的结果随机混合展示，每对关键词组合会被随机分配给 3 名评判专家进行评估。对于每对关键词，评判专家需要进行两次评估，首先判断推荐关键词是否为种子关键词的关联关键词，随后判断其是否为种子关键词的竞争性关键词。只有当至少两名评判专家认为有效时，推荐关键词才会被认定为一个有效的关联关键词或竞争性关键词。

与本书此前几章的评判测度类似，在本章实验中同样使用 F_1 值全面评估 TCK 和基准方法的有效性。F_1 值通常用于信息检索（Powers，2007）、关键词推荐（Chen 等，2008）以及推荐系统（Lathia，2010）的性能测量。在本章实验的具体情景中，F_1 值测度的定义如下。给定种子关键词 s，不同方法提取的关键词集合表示为 $K=\{K_1, K_2, \cdots, K_n\}$，其中 K_i 是由 P_i 推荐的一组关键词，E_i 是 K_i 的一个子集，仅包含种子关键词 s 的有效（相关或竞争性）关键词。方法 P_i 的 F_1 值定义如下：

$$F_1(P_i) = \frac{2 \times Precision(P_i) \times Recall(P_i)}{Precision(P_i) + Recall(P_i)} \quad (6-12)$$

其中

$$Precision(P_i) = \frac{|E_i|}{|K_i|} \quad (6-13)$$

$$Recall(P_i) = \frac{E_i}{\sum_{j \in \{1,2,\cdots,n\}} |E_i|} \quad (6-14)$$

在式（6-13）和式（6-14）中，$|E_i|$ 与 $|K_i|$ 分别表示 E_i 和 K_i 的大小。查准率通过比较有效关键词占所有推荐关键词的百分比，衡量方法推荐关键词的准确性。查全率通过计算一种方法推荐的有效关键词与全部有效关键词之间的比例，衡量方法推荐关键词的全面性。但是，查准率和查全率两个衡量测度均有偏差，其中一个指标的提升通常会导致另一个指标的下降，而两个指标的调和平均数计算的 F_1 值能够从两个角度同时衡量关键词推荐方法的性能，因此，F_1 值适合用来衡量 TCK 方法和其他基准方法的性能差异。

挖掘出新的有效关键词能够为广告主提供更多的关键词选择并有可能降低广告推广费用，因此，实验还使用新颖度衡量一种方法的关键词推荐结果中被其他方法忽略或无法找到的有效关键词的比例。与本书前几章的评判测度类似，方法 P_i 的新颖度指标定义为：

$$Novelty(P_i) = \frac{\left| E_i \bigcup_{j=1, j \neq i}^{n} E_j \right|}{K_I} \quad (6-15)$$

其中，分子为方法 P_i 找到但不被其他方法检测到的有效关键词数量。新颖度可视为方法 P_i 从网络搜索日志中为种子关键词挖掘新的有效关键词的贡献，是方法 P_i 区别于现有方法的独特价值。

如上文所述，在专家评判中，首先要求评估者判断推荐的关键词是否为种子关键词的关联关键词，基于此部分标注对各方法进行评估和比较的实验为"关键词相关性实验"；随后，要求评估人员标记推荐的关键词是否为种子关键词的竞争性关键词，基于此部分标注进行的实验为"关键词竞争性实验"。在这两种类型的评估中，分别比较 TCK 方法与六种基准方法的 F_1 值和新颖度结果。对于选择的 20 个种子关键词，所有方法共推荐了约 12 000 个不同的关键词，TCK 方法推荐的有效（关联和竞争性）关键词数量最多，分别为 6 327 和 4 608。相比之下，其他基准方法只能提供相对较小范围的关联和竞争性关键词供广告主选择。具体而言，FGM、libSVM、Logistic、Co-occur、Proximity 和 CMiner 推荐结果中有效的关联关键词数量分别为 3 669、1 444、2 395、833、2 971 和 3 160。而 FGM、libSVM、Logistic、Co-occur、Proximity 和 CMiner 推荐的竞争性关键词数量分别为 2 771、1 032、1 771、182、2 303 和 2 359。因此，TCK 方法能够为广告主提供更多的选择。接下来，6.5.2 节和 6.5.3 节将对各方法在不同种子关键词上推荐结果的相关性和竞争性进行更详细的性能分析和比较。

6.5.2 关键词相关性实验结果

实验的第一部分根据评估者的关键词相关性评估结果比较 TCK 方法和基准方法的性能。图 6-8 显示了七种方法在 20 个种子关键词上的 F_1 值和新颖度结果，其中水平坐标表示表 6-2 中的 20 个种子关键词的索引顺序。图 6-8（a）的结果表明，TCK 在 20 个种子关键词上均具有最佳的 F_1 值表现，说明其与六种基准方法相比具有更好的效果，能够为不同领域的种子关键词推荐关联关键词。

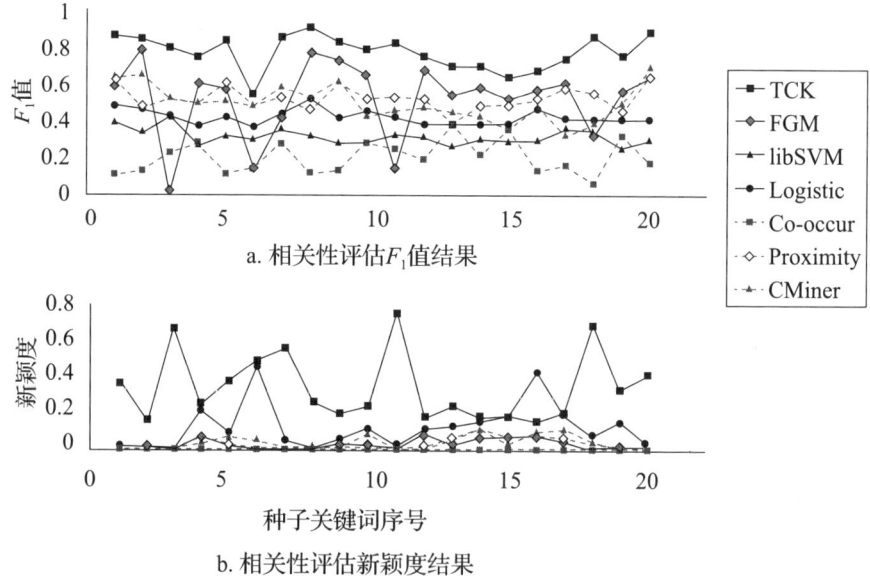

图 6-8 TCK 方法及基准方法关键词推荐相关性评估结果

在搜索引擎广告市场中，广告主相互争夺数量有限的热门关键词，导致广告费用大幅提升，因此在实践中，广告主需要拓宽关键词选择范围，这也需要关键词推荐方法为广告主提供新的关联关键词。如前所述，新颖度能够评价一种方法所推荐关键词的创新性，方法的新颖度越大，其提供新颖的关联关键词的数量越多。图 6-8（b）显示了七种方法新颖度的实验结果。对于大多数种子关键词，TCK 均能取得新颖度最大的结果，说明 TCK 方法能够为广告主推荐更多新颖的关联关键词。

为了进一步验证 TCK 相对于基准方法的优势，实验对 TCK 方法和基准方法的 F_1 值和新颖度结果进行了配对 t 检验和 Friedman 检验，结果如表 6-3 所示。首先，在相关性评估上，TCK 的 F_1 值结果显著大于其他六种基准方法。如前所述，F_1 值是一个综合指标，能够综合反映关键词推荐方法的准确性和全面性。t 检验和 Friedman 检验表明，TCK 方法与现有关键词推荐方法相比有更大的优势，能够推荐更多、更相关的关键词。与此同时，测试结果还表明，TCK 的新颖度显著大于其他六种基准方法，进一步验证了 TCK 方法还可以挖掘出更多独有的关键词，能够为广告主提供更多的营销选择。

表 6-3　TCK 及基准方法关键词推荐相关性评估结果的统计检验

假设	配对 t 检验 （t 值）	Friedman 检验 （χ^2 值）
FGM 的 F_1 值＜TCK 方法的 F_1 值	－5.355（***）	20.000（***）
libSVM 的 F_1 值＜TCK 方法的 F_1 值	－23.762（***）	20.000（***）
Logistic 的 F_1 值＜TCK 方法的 F_1 值	－21.233（***）	20.000（***）
Co-occur 的 F_1 值＜TCK 方法的 F_1 值	－16.898（***）	20.000（***）
Proximity 的 F_1 值＜TCK 方法的 F_1 值	－12.939（***）	20.000（***）
CMiner 的 F_1 值＜TCK 方法的 F_1 值	－13.274（***）	20.000（***）
FGM 方法的新颖度＜TCK 方法的新颖度	－6.662（***）	20.000（***）
libSVM 方法的新颖度＜TCK 方法的新颖度	－8.044（***）	20.000（***）
Logistic 方法的新颖度＜TCK 方法的新颖度	－3.869（**）	12.800（**）
Co-occur 方法的新颖度＜TCK 方法的新颖度	－8.044（***）	20.000（***）
Proximity 方法的新颖度＜TCK 方法的新颖度	－6.853（***）	20.000（***）
CMiner 方法的新颖度＜TCK 方法的新颖度	－6.549（***）	20.000（***）

6.5.3 关键词竞争性实验结果

本节将通过一系列数据实验证明 TCK 方法在竞争性关键词推荐方面的优异性能。图 6-9 显示了七种方法在全部 20 个关键词上的竞争性关键词推荐结果。图 6-9（a）中结果表明，TCK 方法在七种方法中具有最佳的竞争性关键词推荐 F_1 值。此外，图 6-9（b）中的新颖度分析也表明，TCK 方法在大多数种子关键词上的表现远远优于基准方法，能够提供更多新颖的竞争性关键词，可以有效地支撑广告主发布竞争性搜索引擎关键字广告的需求。

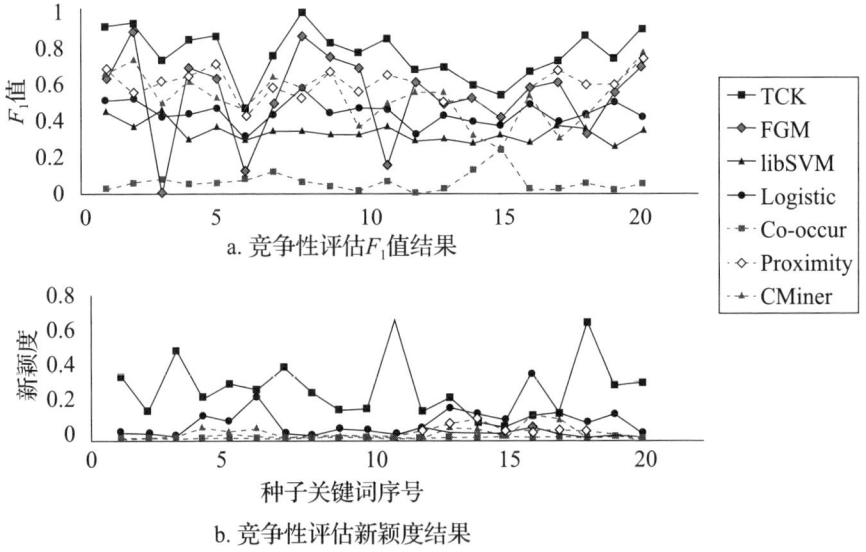

图 6-9　TCK 方法及基准方法关键词推荐竞争性评估结果

此外，实验还对 TCK 方法及基准方法的结果进行了配对 t 检验和 Friedman 检验，结果如表 6-4 所示。统计检验结果同样表明 TCK 方法在竞争性关键词推荐的 F_1 值和新颖度上显著优于其他基准方法。统计结果说明，TCK 方法能够准确挖掘更多的竞争性关键词，还可以推荐现有方法难以挖掘的竞争性关键词。这对于广告主而言价值明显，因为他们能够借助 TCK 方法实现竞争性广告营销来抢占市场，而新颖的关键词将会为广告主带来独有的机会。

表 6-4 TCK 及基准方法关键词推荐竞争性评估结果的统计检验

假设	配对 t 检验 (t 值)	Friedman 检验 (χ^2 值)
FGM 的 F_1 值＜TCK 方法的 F_1 值	−4.956（∗∗∗）	20.000（∗∗∗）
libSVM 的 F_1 值＜TCK 方法的 F_1 值	−15.587（∗∗∗）	20.000（∗∗∗）
Logistic 的 F_1 值＜TCK 方法的 F_1 值	−14.930（∗∗∗）	20.000（∗∗∗）
Co-occur 的 F_1 值＜TCK 方法的 F_1 值	−18.870（∗∗∗）	20.000（∗∗∗）
Proximity 的 F_1 值＜TCK 方法的 F_1 值	−7.223（∗∗∗）	20.000（∗∗∗）
CMiner 的 F_1 值＜TCK 方法的 F_1 值	−8.256（∗∗∗）	16.200（∗∗∗）
FGM 方法的新颖度＜TCK 方法的新颖度	−6.197（∗∗∗）	20.000（∗∗∗）
libSVM 方法的新颖度＜TCK 方法的新颖度	−7.016（∗∗∗）	20.000（∗∗∗）
Logistic 方法的新颖度＜TCK 方法的新颖度	−3.667（∗∗）	9.800（∗∗∗）
Co-occur 方法的新颖度＜TCK 方法的新颖度	−7.016（∗∗∗）	20.000（∗∗∗）
Proximity 方法的新颖度＜TCK 方法的新颖度	−6.137（∗∗∗）	16.200（∗∗∗）
CMiner 方法的新颖度＜TCK 方法的新颖度	−5.663（∗∗∗）	20.000（∗∗∗）

从上述实验结论中，可以得到关于 TCK 方法的如下结论：

● 在相关性评估和竞争性评估两个方面，TCK 方法均有良好的 F_1 值表现，说明其能够向搜索引擎广告主提供高质量的关键词，特别是用于投放竞争性搜索引擎广告的竞争性关键词。

● 在新颖度指标方面，TCK 也比现有关键词推荐方法有更好表现，尤其在关键词的竞争性方面，TCK 的结果远优于其他方法，说明 TCK 是发现竞争式营销机遇的有效方法。

6.6 方法总结

竞争性搜索引擎广告是一种新型广告营销策略，通过在竞争对手的搜索引擎结果页面展示广告，在竞争市场中宣传自身产品，进而实现吸引潜在消费者，抢占竞争对手市场份额的目的。现有基于共同出现的关键词推荐方法一方面将广告主的关键词选择范围局限在少量的热门关键词上，增加了搜索引擎广告成本，同时也加剧了关键词的竞价激烈程度。另一方面，由于竞争性关键词较少与种子关键词同时被用户搜索，现有关键词推荐方法难以实现对竞争性搜索引擎广告的有效支撑。

本章介绍了一种基于主题的竞争性关键词推荐方法 TCK，帮助广告主在搜索引擎上实现竞争性广告营销。TCK 方法首先基于关键词在网络搜索日志中的关联关系，挖掘与种子关键词具有间接关联的关键词作为候选集合。随后提取候选关键词的隐层主题信息，并结合因子图模型从候选关键词集合中识别竞争性关键词。通过利用真实网络搜索日志数据的大量数据实验，证明了 TCK 方法在搜索引擎广告关键词推荐结果的相关性和竞争性两个方面均具有明显优势。

作为企业竞争智能的一个代表性应用，本章为竞争性广告营销提供了一个新视角。同时，作为竞争性关键词推荐的先驱工作之一，提出了从网络搜索日志中提取竞争性关键词的方法框架 TCK，该方法能够挖掘更多新颖的竞争性关键词，极大丰富了搜索引擎广告的关键词选择范围。借助 TCK 方法，广告主可以实现竞争性搜索引擎广告的精准投放，而不再一味追随通用或流行的关键词，这对于企业利用数字渠道进行营销推广具有独特借鉴意义。

第 7 章
结 语

数字经济时代已经为我国企业高质量发展铺开了广阔的画卷，在这样的大背景下，企业竞争分析呈现出数字化与智能化并举的趋势。随着数字活动的逐步深入，企业进行竞争智能分析的数据资源愈加丰富，数据粒度更加精细，数据类型愈发多样，数据时效更为及时。例如，过去企业数据分析只能采用企业内部数据，现在可以获得更为丰富的企业外部数据，包括消费者浏览数据、用户评论数据、社交媒体状态数据和搜索引擎查询数据等，这些数据都可以从企业外部提供丰富的数据素材；过去企业的数据分析粒度大多基于总体的统计指标，现在企业可以在一件商品、一次活动、一个消费者的粒度上进行数据分析；过去企业的数据分析大多基于数据库导出的结构化数据，例如企业资源计划（Enterprise Resource Planning，ERP）系统导出数据，客户关系管理（Customer Relationship Management，CRM）系统导出数据，现在企业可以采用文本数据、图片数据、视频数据、音频数据等多种类型的非结构数据进行数据分析；过去企业的数据分析以年度、季度、月度为周期进行，现在企业可以在分秒级的数据上进行分析，甚至可以在毫秒之间做出精准的数据决策。可以说，数字经济时代企业面临的数字资源无论从规模上、质量上还是粒度上都远超以往任何一个时间点，这也为企业进行竞争智能分析提供了广阔的空间与机遇。

与此同时，数字经济时代的企业竞争问题更加复杂。当前，企业间竞争已经突破了传统的方式和边界，越来越多的跨界竞争使得企业管理者不仅要关注同业竞争者，更要时刻提防那些视野范围外的竞争者。而视野范围之外的竞争者在哪里？它们现在已经发展到什么程度？它们什么时候会成为在位者的主要挑战？这些问题的答案对于企业管理者而言既重要又有挑战。此外，数字经济下的企业竞争具有高度动态性，即使在同业范围内，在位者之间的竞争关系也可能时刻发生变化，一篇新闻事件报道、一位消费者的点评、一张媒体披露的图片、一段视频记录的影像资料都可能会深刻影响竞争格局和竞争态势。以静态视角来看待企业之间的竞争已经无法适应这个时代，借助智能方法与海量数据来"计算"竞争成为企业突破困境、掌握竞争主动权的成功之钥。

企业之间的竞争是可以计算的吗？本书对这个问题给出了肯定的答案。本书的核心也是在回答一个与之类似的问题，即如何借助"数"与"智"的赋能来"计算"企业之间的竞争？围绕这一问题，本书介绍了作者团队近年来在以下方面的学术研究工作，分别是基于用户直接比较的竞争者识别方法、基于用户间接比较的竞争者识别方法、基于用户生成内容的竞争程度分析方法、竞争性搜索引擎广告关键词推荐方法。这些方法覆盖了竞争智能中的竞争者识别、竞争程度分析以及竞争智能应用等多个方面，本书集中阐释了这些方法的设计原理、方法流程、性能优势等不同侧面，为读者全面展示了数字经济时代企业竞争智能的价值和亮点。

本书介绍的第一种方法是基于用户直接比较的竞争者识别方法ICQA。该方法在已有研究均假设在同一比较性语句中共同出现的实体具有直接竞争关系的基础上，创新考虑了用户生成内容的上下文语义关联，挖掘更宽泛的实体直接竞争关系并将其应用于竞争实体识别。ICQA首先将基于模式的方法与基于监督学习的方法结合，从用户生成内容中识别全面的候选实体集合，并利用基于深度学习的Doc2vec模型分析候选实体的语义，对候选实体进行有效筛选。随后，结合用户生成内容的问答属性和社交属性，以及实体竞争关系的非对称性和可传递性，构建实体竞争网络，基于候选实体与目标实体在竞争网络中的竞争概率衡量两者的竞争程度，识别竞争实体并对竞争实体进行排序。大量数据的实验结果证明，相比于现有竞争者识别方法，ICQA 能够识别更准确、更广泛、更新颖的竞争者集合，同时能够更准确地衡量竞争者间的竞争程度并提供可靠的竞争者排序结果。

本书介绍的第二种方法是竞争者识别方法 ICWSL，该方法从实体间接竞争关系这一视角展开，基于网络搜索日志等在用户无比较意识情况下生成的内容发掘竞争者。该方法将实体属性作为中间词，构建实体间的间接竞争关系，并从中识别竞争者。ICWSL 方法首先根据实体和关键词之间的直接关联和间接关联关系生成候选实体集合，候选集合中的每个实体均通过与目标实体共享的实体属性连接，与目标实体间构成间接竞争关系。在此基础上，ICWSL 方法设计了基于语义的竞争者识别方法，基于百科数据和搜索引擎检索结果数据训练 Word2vec 模型，实现目标实体和候选实体语义的向量表示，通过实体语义向量的距离衡量实体间的竞争程度并识别竞争者。实验结果表明，在用户无比较意识情况下生成的内容中，基于间接竞争关系的 ICWSL 方法能够实现更优的竞争者识别。

本书介绍的第三种方法为竞争程度计算方法 BCQ，该方法借助网络搜索日志数据的及时性和动态性，实现竞争程度的动态计算。给定一组已识别的竞争实体，BCQ 通过分析网络搜索日志中的联合关键词构建二部图模型，将两个实体之间的竞争程度转化为二部图中两个实体之间的到达概率，并由此计算实体间的竞争程度。实验结果表明，BCQ 可以有效准确地计算竞争程度，并可以实现竞争产品的市场表现预测。本书介绍的 BCQ 方法能够从搜索引擎用户的角度度量实体间竞争程度，计算结果能够帮助管理者对竞争者进行排序分层，进而实现竞争战略分析、市场份额预测等管理实践的精准决策。

本书介绍的第四种方法为竞争性搜索引擎广告关键词推荐方法，这也是竞争智能方法的一种创新应用。在搜索引擎市场中做竞争性搜索引擎广告，广告主需要尽可能多地获取竞争性关键词，但是受到广告主认知局限性的影响，广告主在头脑中能够意识到的竞争性关键词数量非常有限。为了解决这一问题，本书介绍了一种名为 TCK 的方法，该方法通过捕捉网络搜索日志中潜在的主题实现竞争性广告关键词的智能推荐。给定一个种子关键词，TCK 方法首先基于与种子关键词的间接关联广泛挖掘候选竞争性关键词集合，随后根据搜索日志构建主题模型，将候选词映射到相应的主题结构分布中，并将其与因子图模型集合，进一步提炼有效关键词，最终实现竞争性搜索引擎广告关键词的推荐。TCK 方法有助于企业充分发掘营销渠道的多种资源，进行竞争式广告营销，提升营销策略的竞争性。

在数字经济时代，企业之间的竞争是可以计算的，而计算本身又可以为企业带来新的竞争优势，这也是计算竞争的时代价值的体现。本书介绍的四种方法是计算竞争的代表，读者可以参考这些方法来进行竞争智能方面的实践和创新。同时需要指出，企业竞争智能方法不局限于此，还包括其他方面的方法，例如竞争维度的识别、竞争方向的计算、市场结构的刻画等等，感兴趣的读者可以参考相关内容进一步了解和学习。

数据、模型和算法为数字经济时代的企业竞争智能分析插上了高飞的有力翅膀，也将企业竞争分析从定性范式推向了定量范式。本书归纳总结了作者多年来在这一领域的学术研究成果和思考，系统性地呈现了竞争智能的多种代表性方法。希望本书介绍的企业竞争智能方法能够为读者打开一个新的广阔空间，在这里我们一同感受数字经济时代运用"计算"来破解竞争难题的魅力。

参考文献

[1] 蔡舜，石海荣，傅馨，等. 知识付费产品销量影响因素研究：以知乎 Live 为例 [J]. 管理工程学报，2019，33（3）：71-83.

[2] 陈小卉，胡平，周奕岑. 知乎问答社区回答者知识贡献行为受同伴效应影响研究 [J]. 情报学报，2020，39（4）：450-458.

[3] 杜智涛，徐敬宏. 从需求到体验：用户在线知识付费行为的影响因素 [J]. 新闻与传播研究，2018，25（10）：18-39.

[4] 刘志辉，李辉，李文绚，等. 基于多维框架的企业竞争威胁测度方法研究 [J]. 情报学报，2017，36（7）：654-662.

[5] 史敏，罗建，蔡丽君. 基于专利说明书语义分析的潜在竞争对手识别研究 [J]. 情报学报，2020，39（11）：1171-1181.

[6] 王节祥，高金莎，盛亚，等. 知识付费平台跨边网络效应衰减机制与治理 [J]. 中国工业经济，2020（6）：137-154.

[7] Abhishek，V.，Hosanagar，K. Keyword generation for search engine advertising using semantic similarity between terms [C]. in：Proceedings of the Ninth International Conference on Electronic Commerce，2007：89-94.

[8] Ackerman，B.，Chen，Y. Evaluating rank accuracy based on incomplete pairwise preferences [C]. in：Proceedings of the 2nd International Workshop on User-centric Evaluation of Recommender Systems

and their Interfaces, vol. 11, 2011.

[9] Amiri, H., AleAhmad, A., Rahgozar, M., Oroumchian, F. Keyword suggestion using conceptual graph construction from Wikipedia rich documents [C]. International Conference on Information and Knowledge Engineering, 2008.

[10] Arora, J., Agrawal, S., Goyal, P., Pathak, S. Extracting entities of interest from comparative product reviews [C]. in: Proceedings of the 2017 ACM on Conference on Information and Knowledge Management, 2017: 1975-1978.

[11] Askitas, N., Zimmermann, K. F. Google econometrics and unemployment forecasting [J]. Applied Economics Quarterly, 2009, 55 (2): 107.

[12] Bao, S., Li, R., Yu, Y., Cao, Y. Competitor mining with the web [J]. IEEE Transactions on Knowledge and Data Engineering, 2008, 20 (10): 1297-1310.

[13] Bartz, K., Murthi, V., Sebastian, S. Logistic regression and collaborative filtering for sponsored search term recommendation [C]. in: Second Workshop on Sponsored Search Auctions, vol. 5, 2006.

[14] Bergen, M. E., Peteraf, M. Competitor identification and competitor analysis: a broad-based managerial approach [J]. Managerial and Decision Economics, 2002, 23 (4-5): 157-169.

[15] Bijmolt, T. H., van de Velden, M. Multiattribute perceptual mapping with idiosyncratic brand and attribute sets [J]. Marketing Letters, 2012, 23 (3): 585-601.

[16] Bing, L., Lam, W., Wong, T L., Jameel, S. Web query

reformulation via joint modeling of latent topic dependency and term context [J]. ACM Transactions on Information Systems, 2015, 33 (2): 1-38.

[17] Bing, L., Niu, Z. Y., Li, P., Lam, W., Wang, H. Learning a unified embedding space of web search from large-scale query log [J]. Knowledge-Based Systems, 2018, 150: 38-48.

[18] Blei, D. M., Ng, A. Y., Jordan, M. I. Latent dirichlet allocation [J]. The Journal of Machine Learning Research, 2003, 3: 993-1022.

[19] Böckenholt, U., Dillon, W. R. Some new methods for an old problem: modeling preference changes and competitive market structures in pretest market data [J]. Journal of Marketing Research, 1997, 34 (1): 130-142.

[20] Bose, R. Competitive intelligence process and tools for intelligence analysis [J]. Industrial Management & Data Systems, 2008, 108 (4): 510-528.

[21] Boyer, K. D. Mergers that harm competitors [J]. Review of Industrial Organization, 1992, 7 (2): 191-202.

[22] Broder, A. Z., Fontoura, M., Gabrilovich, E., Joshi, A., Josifovski, V., Zhang, T. Robust classification of rare queries using web knowledge [C]. in: Proceedings of the 30th Annual International ACM SIGIR Conference on Research and Development in Information Retrieval, 2007: 231-238.

[23] Brody, R. Issues in defining competitive intelligence: an exploration [J]. IEEE Engineering Management Review, 2008, 36 (3): 3.

[24] Can, F., Nuray, R., Sevdik, A. B. Automatic performance

evaluation of web search engines [J]. Information Processing & Management, 2004, 40 (3): 495-514.

[25] Carpenter, G. S., Lehmann, D. R. A model of marketing mix, brand switching, and competition [J]. Journal of Marketing Research, 1985, 22 (3): 318-329.

[26] Carrière-Swallow, Y., Labbè, F. Nowcasting with Google Trends in an emerging market [J]. Journal of Forecasting, 2013, 32 (4): 289-298.

[27] Chang, C. C., Lin, C. J. LIBSVM: a library for support vector machines [J]. ACM Transactions on Intelligent Systems and Technology, 2011, 2 (3): 1-27.

[28] Chen, C. C., Tsai, Y. T. A novel business cycle surveillance system using the query logs of search engines [J]. Knowledge-Based Systems, 2012, 30: 104-114.

[29] Chen, L., Baird, A., Straub, D. Why do participants continue to contribute? Evaluation of usefulness voting and commenting motivational affordances within an online knowledge community [J]. Decision Support Systems, 2019, 118: 21-32.

[30] Chen, M. J. Competitor analysis and interfirm rivalry: toward a theoretical integration [J]. Academy of Management Review, 1996, 21 (1): 100-134.

[31] Chen, Y., Xue, G. R., Yu, Y. Advertising keyword suggestion based on concept hierarchy [C]. in: Proceedings of the 2008 International Conference on Web Search and Data Mining, 2008: 251-260.

[32] Choi, H., Varian, H. Predicting the present with Google

Trends [J]. Economic Record, 2012, 88: 2-9.

[33] Choi, J., Tosyali, A., Kim, B., Lee, H. S., Jeong, M. K. A novel method for identifying competitors using a financial transaction network [J]. IEEE Transactions on Engineering Management, 2019.

[34] Chuklin, A., Serdyukov, P. How query extensions reflect search result abandonments [C]. in: Proceedings of the 35th International ACM SIGIR Conference on Research and Development in Information Retrieval, 2012: 1087-1088.

[35] Clark, B. H., Montgomery, D. B. Managerial identification of competitors [J]. Journal of Marketing, 1999, 63 (3): 67-83.

[36] Cotterell, R., Duh, K. Low-resource named entity recognition with cross-lingual, character-level neural conditional random fields [C]. in: Proceedings of the Eighth International Joint Conference on Natural Language Processing (Volume 2: Short Papers), 2017: 91-96.

[37] Culotta, A., Cutler, J. Mining brand perceptions from twitter social networks [J]. Marketing Science, 2016, 35 (3): 343-362.

[38] Cunningham, M. T., Culligan, K. L. Competition and competitive groupings: an exploratory study in information technology markets [J]. Journal of Marketing Management, 1988, 4 (2): 148-173.

[39] Da, Z., Engelberg, J., Gao, P. In search of attention [J]. The Journal of Finance, 2011, 66 (5): 1461-1499.

[40] Dawes, J. G. Patterns in competitive structure among retail financial services brands [J]. European Journal of Marketing, 2014.

[41] Day, G. S., Nedungadi, P. Managerial representations of competitive advantage [J]. Journal of Marketing, 1994, 58 (2):

31-44.

[42] DeSarbo, W. S., De Soete, G. On the use of hierarchical clustering for the analysis of nonsymmetric proximities [J]. Journal of Consumer Research, 1984, 11 (1): 601-610.

[43] DeSarbo, W. S., Grewal, R., Wind, J. Who competes with whom? A demand based perspective for identifying and representing asymmetric competition [J]. Strategic Management Journal, 2006, 27 (2): 101-129.

[44] DeSarbo, W. S., Jedidi, K. The spatial representation of heterogeneous consideration sets [J]. Marketing Science, 1995, 14 (3): 326-342.

[45] DeSarbo, W. S., Manrai, A. K. A new multidimensional scaling methodology for the analysis of asymmetric proximity data in marketing research [J]. Marketing Science, 1992, 11 (1): 1-20.

[46] DeSarbo, W. S., Manrai, A. K., Manrai, L. A. Non-spatial tree models for the assessment of competitive market structure: an integrated review of the marketing and psychometric literature [J]. Handbooks in Operations Research and Management Science, 1993, 5: 193-257.

[47] Du, R. Y., Kamakura, W. A. Quantitative trendspotting [J]. Journal of Marketing Research, 2012, 49 (4): 514-536.

[48] Erdem, T. A dynamic analysis of market structure based on panel data [J]. Marketing Science, 1996, 15 (4): 359-378.

[49] Eysenbach, G. Infodemiology: the epidemiology of (mis) information [J]. The American Journal of Medicine, 2002, 113 (9):

763-765.

[50] Fang, Z. H., Chen, C. C. A novel trend surveillance system using the information from web search engines [J]. Decision Support Systems, 2016, 88: 85-97.

[51] Fleisher, C. S., Bensoussan, B. E. Strategic and competitive analysis: methods and techniques for analyzing business competition [M]. Prentice Hall Upper Saddle River, NJ, 2003.

[52] Fourney, A., Mann, R., Terry, M. Characterizing the usability of interactive applications through query log analysis [C]. in: Proceedings of the SIGCHI Conference on Human Factors in Computing Systems, 2011: 1817-1826.

[53] Fuxman, A., Tsaparas, P., Achan, K., Agrawal, R. Using the wisdom of the crowds for keyword generation [C]. in: Proceedings of the 17th International Conference on World Wide Web, 2008: 61-70.

[54] Gabel, S., Guhl, D., Klapper, D. P2V-MAP: mapping market structures for large retail assortments [J]. Journal of Marketing Research, 2019, 56 (4): 557–580.

[55] Ganapathibhotla, M., Liu, B. Mining opinions in comparative sentences [C]. in: Proceedings of the 22nd International Conference on Computational Linguistics, 2008: 241-248.

[56] Gao, S., Tang, O., Wang, H., Yin, P. Identifying competitors through comparative relation mining of online reviews in the restaurant industry [J]. International Journal of Hospitality Management, 2018, 71: 19-32.

[57] Geva, T., Oestreicher-Singer, G., Efron, N., Shimshoni,

Y. Using forum and search data for sales prediction of high-involvement projects [J]. MIS Quarterly, 2017, 41 (1): 65-82.

[58] Ginsberg, J., Mohebbi, M. H., Patel, R. S., Brammer, L., Smolinski, M. S., Brilliant, L. Detecting influenza epidemics using search engine query data [J]. Nature, 2009, 457: 1012-1014.

[59] Green, P. E. Marketing applications of MDS: assessment and outlook: after a decade of development, what have we learned from MDS in marketing? [J]. Journal of Marketing, 1975, 39 (1): 24-31.

[60] Gregor, S., Hevner, A. R. Positioning and presenting design science research for maximum impact [J]. MIS Quarterly, 2013, 37 (2): 337-355.

[61] Griffiths, T. Gibbs sampling in the generative model of latent dirichlet allocation [J]. Technical Report, 2002.

[62] Hastie, T., Tibshirani, R., Friedman, J. The elements of statistical learning: prediction, inference and data mining (Second ed.) [M]. New York: Springer Verlag, 2009.

[63] Hauser, J. R., Koppelman, F. S. Alternative perceptual mapping techniques: relative accuracy and usefulness [J]. Journal of Marketing Research, 1979, 16 (4): 495-506.

[64] Hevner, A. R., March, S. T., Park, J., Ram, S. Design science in information systems research [J]. MIS Quarterly, 2004, 28 (1): 75-105.

[65] Hu, Y., Du, R. Y., Damangir, S. Decomposing the impact of advertising: augmenting sales with online search data [J]. Journal of Marketing Research, 2014, 51 (3): 300-319.

［66］Huang, J., Efthimiadis, E. N. Analyzing and evaluating query reformulation strategies in web search logs [C]. in: Proceedings of the 18th ACM Conference on Information and Knowledge Management, 2009: 77-86.

［67］Huang, Z., Xu, W., Yu, K. Bidirectional LSTM-CRF models for sequence tagging [J]. ArXiv preprint arXiv: 1508.01991, 2015.

［68］Huber, J., Holbrook, M. B. Using attribute ratings for product positioning: some distinctions among compositional approaches [J]. Journal of Marketing Research, 1979, 16 (4): 507-516.

［69］Jain, A., Pantel, P. How do they compare? Automatic identification of comparable entities on the Web [C]. in: 2011 IEEE International Conference on Information Reuse & Integration, 2011: 228-233.

［70］Jain, A. K., Pinson, C. The effect of order of presentation of similarity judgments on multidimensional scaling results: an empirical examination [J]. Journal of Marketing Research, 1976, 13 (4): 435-439.

［71］Jeon, J., Croft, W. B., Lee, J. H. Finding similar questions in large question and answer archives [C]. in: Proceedings of the 14th ACM International Conference on Information and Knowledge Management, 2005: 84-90.

［72］Jiang, J. Y., Ke, Y. Y., Chien, P. Y., Cheng, P. J. Learning user reformulation behavior for query auto-completion [C]. in: Proceedings of the 37th International ACM SIGIR Conference on Research & Development in Information Retrieval, 2014: 445-454.

［73］Jiang, Z., Ji, L., Zhang, J., Yan, J., Guo, P., Liu,

N. Learning open-domain comparable entity graphs from user search queries [C]. in: Proceedings of the 22nd ACM International Conference on Information & Knowledge Management, 2013: 2339-2344.

[74] Jin, J., Li, Y., Zhong, X., Zhai, L. Why users contribute knowledge to online communities: an empirical study of an online social Q&A community [J]. Information & Management, 2015, 52 (7): 840-849.

[75] Jindal, N., Liu, B. Identifying comparative sentences in text documents [C]. in: Proceedings of the 29th Annual International ACM SIGIR Conference on Research and Development in Information Retrieval, 2006: 244-251.

[76] Jindal, N., Liu, B. Mining comparative sentences and relations [C]. in: Proceedings of the 21st National Conference on Artificial Intelligence, 2006: 1331-1336.

[77] John, D. R., Loken, B., Kim, K., Monga, A. B. Brand concept maps: a methodology for identifying brand association networks [J]. Journal of Marketing Research, 2006, 43 (4): 549-563.

[78] Kessler, W., Kuhn, J. Detection of product comparisons-how far does an out-of-the-box semantic role labeling system take you? [C]. in: Proceedings of the 2013 Conference on Empirical Methods in Natural Language Processing, 2013: 1892-1897.

[79] Khansa, L., Ma, X., Liginlal, D., Kim, S. S. Understanding members' active participation in online question-and-answer communities: a theory and empirical analysis [J]. Journal of Management Information Systems, 2015, 32 (2): 162-203.

[80] Kim, J. B., Albuquerque, P., Bronnenberg, B. J. Mapping online consumer search [J]. Journal of Marketing Research, 2011, 48 (1): 13-27.

[81] Krishnan, V., Manning, C. D. An effective two-stage model for exploiting nonlocal dependencies in named entity recognition [C]. in: Proceedings of the 21st International Conference on Computational Linguistics and the 44th Annual Meeting of the Association for Computational Linguistics, 2006: 1121-1128.

[82] Kuilman, J., Li, J. The organizers' ecology: an empirical study of foreign banks in Shanghai [J]. Organization Science, 2006, 17 (3): 385-401.

[83] Kurashima, T., Bessho, K., Toda, H., Uchiyama, T., Kataoka, R. Ranking entities using comparative relations [C]. in: International Conference on Database and Expert Systems Applications, 2008: 124-133.

[84] Lathia, N., Hailes, S., Capra, L., Amatriain, X. Temporal diversity in recommender systems [C]. in: Proceedings of the 33rd International ACM SIGIR Conference on Research and Development in Information Retrieval, 2010: 210-217.

[85] Le, Q., Mikolov, T. Distributed representations of sentences and documents [C]. in: International Conference on Machine Learning, 2014: 1188-1196.

[86] Lee, A. J., Yang, F. C., Chen, C. H., Wang, C. S., Sun, C. Y. Mining perceptual maps from consumer reviews [J]. Decision Support Systems, 2016, 82: 12-25.

[87] Lee, H. C. , Rim, H. C. , Lee, D. G. Learning to rank products based on online product reviews using a hierarchical deep neural network [J]. Electronic Commerce Research and Applications, 2019, 36: 100874.

[88] Lee, T. Y. , Bradlow, E. T. Automated marketing research using online customer reviews [J]. Journal of Marketing Research, 2011, 48 (5): 881-894.

[89] Lee, Y. , Cho, S. , Choi, J. Determining user needs through abnormality detection and heterogeneous embedding of usage sequence [J]. Electronic Commerce Research, 2019: 1-17.

[90] Li, C. , Weng, J. , He, Q. , Yao, Y. , Datta, A. , Sun, A. , Lee, B. S. Twiner: named entity recognition in targeted twitter stream [C]. in: Proceedings of the 35th International ACM SIGIR Conference on Research and Development in Information Retrieval, 2012: 721-730.

[91] Li, R. , Kao, B. , Bi, B. , Cheng, R. , Lo, E. DQR: a probabilistic approach to diversified query recommendation [C]. in: Proceedings of the 21st ACM International Conference on Information and Knowledge Management, 2012: 16-25.

[92] Li, S. , Lin, C. Y. , Song, Y. I. , Li, Z. Comparable entity mining from comparative questions [J]. IEEE Transactions on Knowledge and Data Engineering, 2013, 25 (7): 1498-1509.

[93] Li, S. , Zha, Z. J. , Ming, Z. , Wang, M. , Chua, T. S. , Guo, J. , Xu, W. Product comparison using comparative relations [C]. in: Proceedings of the 34th International ACM SIGIR Conference on Research and Development in Information Retrieval, 2011: 1151-1152.

［94］Li，X.，Zhang，S.，Wang，B.，Gao，Z.，Fang，L.，Xu，H. A hybrid framework for problem solving of comparative questions［J］. IEEE Access，2019，7：185961–185976.

［95］Li，Z.，Xu，W.，Zhang，L.，Lau，R. Y. An ontology-based Web mining method for unemployment rate prediction［J］. Decision Support Systems，2014，66：114-122.

［96］Liu，J.，Li，Q.，Lin，Y.，Li，Y. A query suggestion method based on random walk and topic concepts［C］. in：2017 IEEE/ACIS 16th International Conference on Computer and Information Science，2017：251-256.

［97］Liu，L.，Dzyabura，D.，Mizik，N. Visual listening in：extracting brand image portrayed on social media［J］. Marketing Science，2020，39（4）：669-686.

［98］Liu，Y.，Jiang，C.，Zhao，H. Assessing product competitive advantages from the perspective of customers by mining user-generated content on social media［J］. Decision Support Systems，2019，123：113079.

［99］Liu，Z.，Natarajan，S.，Chen，Y. Query expansion based on clustered results［J］. Proceedings of the VLDB Endowment，2011，4（6）.

［100］Lo，S. L.，Chiong，R.，Cornforth，D. Ranking of high-value social audiences on Twitter［J］. Decision Support Systems，2016，85：34-48.

［101］López-Robles，J. R.，Otegi-Olaso，J. R.，Gómez，I. P.，Cobo，M. J. 30 years of intelligence models in management and business：a bibliometric review [J]. International Journal of Information Management, 2019, 48: 22-38.

[102] Lukyanenko, R., Parsons, J., Wiersma, Y. F. The IQ of the crowd: understanding and improving information quality in structured user-generated content [J]. Information Systems Research, 2014, 25 (4): 669-689.

[103] Ma, Z., Pant, G., Sheng, O. R. Mining competitor relationships from online news: a network-based approach [J]. Electronic Commerce Research and Applications, 2011, 10 (4): 418-427.

[104] Massoudi, K., Tsagkias, M., De Rijke, M., Weerkamp, W. Incorporating query expansion and quality indicators in searching microblog posts [C]. in: European Conference on Information Retrieval, 2011: 362-367.

[105] Mikolov, T., Chen, K., Corrado, G., Dean, J. Efficient estimation of word representations in vector space [J]. ArXiv preprint arXiv: 1301.3781, 2013.

[106] Nam, H., Joshi, Y. V., Kannan, P. Harvesting brand information from social tags [J]. Journal of Marketing, 2017, 81 (4): 88-108.

[107] Netzer, O., Feldman, R., Goldenberg, J., Fresko, M. Mine your own business: market-structure surveillance through text mining [J]. Marketing Science, 2012, 31 (3): 521-543.

[108] Panovich, K., Miller, R., Karger, D. Tie strength in question & answer on social network sites [C]. in: Proceedings of the ACM 2012 Conference on Computer Supported Cooperative Work, 2012:

1057-1066.

[109] Pant, G. , Sheng, O. R. Web footprints of firms: using online isomorphism for competitor identification [J]. Information Systems Research, 2015, 26 (1): 188-209.

[110] Paparrizos, J. , White, R. W. , Horvitz, E. Detecting devastating diseases in search logs [C]. in: Proceedings of the 22nd ACM SIGKDD International Conference on Knowledge Discovery and Data Mining, 2016: 559-568.

[111] Peng, Y. S. , Liang, I. C. A dynamic framework for competitor identification: a neglecting role of dominant design [J]. Journal of Business Research, 2016, 69 (5): 1898-1903.

[112] Peteraf, M. , Bergen, M. E. Scanning dynamic competitive landscapes: a market-based and resource-based framework [J]. Strategic Management Journal, 2003, 24 (10): 1027-1041.

[113] Peteraf, M. , Shanley, M. Getting to know you: a theory of strategic group identity [J]. Strategic Management Journal, 1997, 18 (S1): 165-186.

[114] Porac, J. F. , Thomas, H. , Wilson, F. , Paton, D. , Kanfer, A. Rivalry and the industry model of Scottish knitwear producers [J]. Administrative Science Quarterly, 1995: 203-227.

[115] Pournarakis, D. E. , Sotiropoulos, D. N. , Giaglis, G. M. A computational model for mining consumer perceptions in social media [J]. Decision Support Systems, 2017, 93: 98-110.

[116] Powers, D. M. Evaluation: from precision, recall and F-measure to ROC, informedness, markedness & correlation [J]. Tech-

nical Report, 2007.

[117] Qi, S., Wu, D., Mamoulis, N. Location aware keyword query suggestion based on document proximity [J]. IEEE Transactions on Knowledge and Data Engineering, 2015, 28 (1): 82-97.

[118] Quillian, M. R. Word concepts: a theory and simulation of some basic semantic capabilities [J]. Behavioral Science, 1967, 12 (5): 410-430.

[119] Ranjan, J., Foropon, C. Big data analytics in building the competitive intelligence of organizations [J]. International Journal of Information Management, 2021, 56: 102231.

[120] Ringel, D. M., Skiera, B. Understanding competition using big consumer search data [C]. in: 2014 47th Hawaii International Conference on System Sciences, 2014: 3129-3138.

[121] Ringel, D. M., Skiera, B. Visualizing asymmetric competition among more than 1 000 products using big search data [J]. Marketing Science, 2016, 35 (3): 511-534.

[122] Ruan, T., Lin, Y., Wang, H., Pan, J. Z. A multi-strategy learning approach to competitor identification [C]. in: Joint International Semantic Technology Conference, 2014: 197-212.

[123] Rumelhart, D. E., Hinton, G. E., Williams, R. J. Learning representations by back-propagating errors [J]. Cognitive Modeling, 1988, 5 (3): 1.

[124] Russell, G. J., Bolton, R. N. Implications of market structure for elasticity structure [J]. Journal of Marketing Research, 1988, 25 (3): 229-241.

[125] Samiee, S. Global marketing effectiveness via alliances and electronic commerce in business-to-business markets [J]. Industrial Marketing Management, 2008, 37 (1): 3-8.

[126] Sarmento, L., Trezentos, P., Gonçalves, J. P., Oliveira, E. Inferring local synonyms for improving keyword suggestion in an online advertisement system [C]. in: Proceedings of the Third International Workshop on Data Mining and Audience Intelligence for Advertising, 2009: 37-45.

[127] Scholz, M., Brenner, C., Hinz, O. AKEGIS: automatic keyword generation for sponsored search advertising in online retailing [J]. Decision Support Systems, 2019, 119: 96-106.

[128] Shin, D., He, S., Lee, G. M., Whinston, A. B., Cetintas, S., Lee, K. C. Enhancing social media analysis with visual data analytics: a deep learning approach [J]. MIS Quarterly, 2020, 44 (4): 1459-1492.

[129] Shtok, A., Dror, G., Maarek, Y., Szpektor, I. Learning from the past: answering new questions with past answers [C]. in: Proceedings of the 21st International Conference on World Wide Web, 2012: 759-768.

[130] Sikchi, A., Goyal, P., Datta, S. Peq: an explainable, specification-based, aspect-oriented product comparator for e-commerce [C]. in: Proceedings of the 25th ACM International on Conference on Information and Knowledge Management, 2016: 2029-2032.

[131] Storbacka, K., Nenonen, S. Competitive arena mapping: market innovation using morphological analysis in business markets

[J]. Journal of Business-to-business Marketing, 2012, 19 (3): 183-215.

[132] Szpektor, I., Gionis, A., Maarek, Y. Improving recommendation for long-tail queries via templates [C]. in: Proceedings of the 20th International Conference on World Wide Web, Hyderabad, India, 2011: 47-56.

[133] Tang, J., Wang, B., Yang, Y., Hu, P., Zhao, Y., Yan, X., Gao, B., Huang, M., Xu, P., Li, W. Patentminer: topic-driven patent analysis and mining [C]. in: Proceedings of the 18th ACM SIGKDD International Conference on Knowledge Discovery and Data Mining, 2012: 1366-1374.

[134] Tkachenko, M., Lauw, H. W. Generative modeling of entity comparisons in text [C]. in: Proceedings of the 23rd ACM International Conference on Information and Knowledge Management, 2014: 859-868.

[135] Tkachenko, M., Lauw, H. W. Comparative relation generative model [J]. IEEE Transactions on Knowledge and Data Engineering, 2017, 29 (4): 771-783.

[136] Valkanas, G., Lappas, T., Gunopulos, D. Mining competitors from large unstructured datasets [J]. IEEE Transactions on Knowledge and Data Engineering, 2017, 29 (9): 1971-1984.

[137] Viterbi, A. Error bounds for convolutional codes and an asymptotically optimum decoding algorithm [J]. IEEE Transactions on Information Theory, 1967, 13 (2): 260-269.

[138] Voorhees, E. M., Harman, D. K. TREC: experiment and evaluation in information retrieval [M]. Cambridge: MIT Press, 2005.

[139] Vosen, S., Schmidt, T. Forecasting private consumption:

survey-based indicators vs. Google trends [J]. Journal of Forecasting, 2011, 30 (6): 565-578.

[140] Wang, G., Gill, K., Mohanlal, M., Zheng, H., Zhao, B. Y. Wisdom in the social crowd: an analysis of quora [C]. in: Proceedings of the 22nd International Conference on World Wide Web, 2013: 1341-1352.

[141] Wei, Q., Qiao, D., Zhang, J., Chen, G., Guo, X. A novel bipartite graph based competitiveness degree analysis from query logs [J]. ACM Transactions on Knowledge Discovery from Data, 2016, 11 (2): 1-25.

[142] Wei, W., Ming, Z., Nie, L., Li, G., Li, J., Zhu, F., Shang, T., Luo, C. Exploring heterogeneous features for query-focused summarization of categorized community answers [J]. Information Sciences, 2016, 330: 403-423.

[143] Wright, S., Calof, J. L. The quest for competitive, business and marketing intelligence: a country comparison of current practices [J]. European Journal of Marketing, 2006, 40 (5/6): 453-465.

[144] Wu, H., Qiu, G., He, X., Shi, Y., Qu, M., Shen, J., Bu, J., Chen, C. Advertising keyword generation using active learning [C]. in: Proceedings of the 18th International Conference on World Wide Web, 2009: 1095-1096.

[145] Wu, L., Brynjolfsson, E. The future of prediction: how Google searches fore-shadow housing prices and quantities [J]. Proceedings of the 15th Americas Conference on Information Systems, 2009: 147.

[146] Xu, K., Liao, S. S., Lau, R. Y., Tang, H., Wang,

S. Building comparative product relation maps by mining consumer opinions on the web [J]. 15th Americas Conference on Information Systems, 2009: 179.

[147] Xu, K., Liao, S. S., Li, J., Song, Y. Mining comparative opinions from customer reviews for competitive intelligence [J]. Decision Support Systems, 2011, 50 (4): 743-754.

[148] Yang, Y., Tang, J., Keomany, J., Zhao, Y., Li, J., Ding, Y., Li, T., Wang, L. Mining competitive relationships by learning across heterogeneous networks [C]. in: Proceedings of the 21st ACM International Conference on Information and Knowledge Management, 2012: 1432-1441.

[149] Zhang, D., Yan, Z., Jiang, H., Kim, T. A domain-feature enhanced classification model for the detection of Chinese phishing e-business websites [J]. Information & Management, 2014, 51 (7): 845-853.

[150] Zhang, J., Zhang, J., Zhang, M. From free to paid: customer expertise and customer satisfaction on knowledge payment platforms [J]. Decision Support Systems, 2019, 127: 113-140.

[151] Zhang, Y., Zhang, W., Gao, B., Yuan, X., Liu, T. Bid keyword suggestion in sponsored search based on competitiveness and relevance [J]. Information Processing and Management, 2014, 50 (4): 508-523.

[152] Zhao, Z., Zhang, L., He, X., Ng, W. Expert finding for question answering via graph regularized matrix completion [J]. IEEE Transactions on Knowledge and Data Engineering, 2015, 27 (4): 993-1004.

[153] Zhou, G., Zhou, Y., He, T., Wu, W. Learning semantic representation with neural networks for community question answering retrieval [J]. Knowledge-Based Systems, 2016, 93: 75-83.

[154] Zhu, H., Chen, E., Xiong, H., Cao, H., Tian, J. Ranking user authority with relevant knowledge categories for expert finding [J]. World Wide Web, 2014, 17 (5): 1081-1107.

图书在版编目（CIP）数据

计算竞争：数字经济时代的企业竞争智能／张瑾著． -- 北京：中国人民大学出版社，2022.6
ISBN 978-7-300-30469-4

Ⅰ.①计… Ⅱ.①张… Ⅲ.①企业竞争－研究 Ⅳ.①F271.3

中国版本图书馆CIP数据核字（2022）第050185号

数字化转型与企业高质量发展
计算竞争——数字经济时代的企业竞争智能
张瑾 著
Jisuan Jingzheng——Shuzi Jingji Shidai de Qiye Jingzheng Zhineng

出版发行	中国人民大学出版社		
社　　址	北京中关村大街31号	邮政编码	100080
电　　话	010-62511242（总编室）		010-62511770（质管部）
	010-82501766（邮购部）		010-62514148（门市部）
	010-62515195（发行公司）		010-62515275（盗版举报）
网　　址	http://www.crup.com.cn		
经　　销	新华书店		
印　　刷	北京联兴盛业印刷股份有限公司		
规　　格	160 mm×230 mm 16开本	版　次	2022年6月第1版
印　　张	15.5 插页2	印　次	2023年4月第2次印刷
字　　数	179 000	定　价	65.00元

版权所有　　侵权必究　　印装差错　　负责调换